JN211251

2017年 夏　ホテルニューオータニにて 対談前の眺め

小泉放談

小泉今日子

宝島社

はじめに

まもなく深夜の2時になります。明日も早朝から撮影です。いつもこうなんです。後回しにしていたことに結局追われて、自分の首を絞めてきた人生です。こんなことじゃいけないと何度も心に誓うのだけれど、元来怠け者の気質のため、すぐに誓いを忘れてしまいます。

もうすぐ52歳になります。50歳になったら人生を考えよう。50歳になったら後回しにしていたことを少しずつ片付けていこうと心に誓いました。もう2年も過ぎたというのに、うっすらしか叶えていない自分がいます。

助走というものを知らないのかもしれません。締め切りが来たら、50歳になったら、そこからやっと助走を始めるので、遅い！と、いつも人に叱られます。叱られるのはいくつになっても嫌なものです。でも、すぐに忘れてしまうんです。生まれてすみません。

性根を叩き直していただこうと、25名の素敵な先輩と対談をしました。皆さま痺(しび)れるほどカッコイイ先輩方でした。50代以降をどう生きるか？　心の問題も、身体の問題も、いろいろあるのが50代。先輩方からたくさんのヒント、たくさんの名言を賜りました。

この一冊が私以外の誰かにとっても、人生のガイドブックのようになったら幸いでございます。

小泉今日子

小泉放談　目次

案外、スルッとやってくる

放談 1

YOU

ゆう
1964年東京都生まれ。トーク番組への出演やナレーション、雑誌でのモデルやエッセイ連載等々、幅広く活躍する他、是枝裕和監督作品などで、女優としても高い評価を受けている。

女50、何をか成すべき？

小泉　ということで、対談の新連載です。第1回、よろしくお願いします。

YOU　あ、はーい。こちらこそ。うれしいな、最初だなんて。

小泉　50歳からをどう生きるかってことを、いろんな世界の50歳経験者に聞いていくという感じで。YOUは、50歳をどうやって迎えたんだっけ。パーティーとかしたの？

YOU　40の時はサプライズみたいにやられちゃったんだけど、それはもうやめてくれって言って……。だから、けっこうふつうだったよ。親しい人たちと集まっての、ふつうの誕生日会。なんか、40になる時より、スルッとなっちゃった感じです。

小泉　スルッと。

YOU　うん。むしろ40になった時のほうが、自分でも抵抗あったかな。「だいたい、歳の始まりが〝4〟って何だよ！」みたいな。

小泉　アハハハ。確かに。

YOU　50の時には、わりと忙しく仕事もしてたから、こう、何事もなく……。今日子はどうするつもり？

小泉　私は、何もやんないですよ。これまでもやったことないから。

YOU　どうせなら、ライブとかしちゃえば？　あと、雑誌企画もどんどんやりますから、皆さんよろしく（と、スタッフに視線を送る）。

小泉　何、勝手に決めてるの（笑）。50になって、気分は変わった？

YOU　いやー、特に変わらないんですけど。まあ、眠いとか、体調のこととかは48歳くらいから……。

小泉　それってやっぱり、変わったりするものなんだ。

YOU　28とか、38とか、私、いっつもそのくらいのタイミングなんですよ。だから、このままいったら50代後半で「マジか」みたいな感じになるのかなぁ……。まあ、でも今はそれほどでもない。だから、自分から「こうしよう」みたいなこともなかったです。なかったっていうか、本当は考えなくちゃいけなかったのかもしれないけど。

小泉　そうかぁ。今、私が思うのは「この先、何を残せるか」っていうことかな。YOUは出産して、子どもが大きくなってというところまで成し遂げているけど、独身で子どもも持たなかった身からすると、いったい自分は世の中に対して何ができるんだろう？　みたいなことを、やっぱり考えたりするんですよねぇ。

YOU　いいじゃん。そのうち、芸能界を牛耳る人になるんでしょ。
小泉　牛耳るって！（笑）
YOU　いやほら、私はバラエティー班だけど、今日子は、テレビにしても映画にしても舞台にしても、何つーか、女優としてしっかりと足場を固めてきたというか……そういうのは、すごく感じる。そういうところ、本当に優秀なビジネスマンだなぁと思いますね。
小泉　エヘヘ、そうかな。
YOU　うん。それに、女優なんだけど、己のためというよりは、ちゃんと芸能界全体のことを考えてやっているからスゲーなって。作品を残しながら、一緒にやった人たちとの関係も残していくし、特にここ2、3年で、そういうことをちゃんとやり始めたんだなぁっていうのは、そばで見ていて感じるんだけど。
小泉　何かね……周囲を見回すと、生きにくそうにしてる人がいっぱい目に入ってくるんですよ。そういう時、「もうちょっとどうにかして、環境を整えられないかなぁ」という気持ちになることは、確かにある。
YOU　環境を？
小泉　うん。もっとシンプルに、おもしろいことがいろいろできるんじゃないのかなって。ほら、ここのところ、世の中を見ていてやっぱり時代が終わっていく感覚って、あるじゃないですか。昭和というか、今70代、80代の人たちが作り上げてきたものが。実際、人には寿命というものがあるから、お別れする機会もたくさんあるし。そういう古い時代の仕組みや枠組みが成り立たなくなっていくとしたら、この先の新しい何かは、私たちの世代で作っていかなきゃいけないのかなって。

YOU　そうだね。

小泉　「ああ、あの人がいなくなっちゃった」という時に考え始めても、もう遅くて。だから、たとえば「こんな企画があるんだけど、誰か実現してくれないかな？」って思いついたら、エージェントとの関係なんかも含めての新しいやり方とか、その方法みたいなものをいろいろ試して、いいものを残せていけたらいいなぁとは思ってる。

YOU　こういうところ、偉いよね。私なんて、本当にちゃらんぽらんで。もともと意志薄弱で、誘われるままにわらしべ長者みたいにやってきただけで、何かちゃんと成し遂げたことなんて一度もないし。

小泉　でも、得意分野があるじゃない？　私は面倒くさがりで出不精だけど、YOUはファッションとかしっかり見ていて。「今度ライブがあるんだけど、一緒に服、探してくれない？」とか、よく相談に乗ってもらってるし。

YOU　洋服はちょっと手を出したりもしてるんだけど、続かないんですよ。基本、飽きっぽいので。女優仕事もあんまり意味をわかってやってないし、勉強もしていないから……。何かお話をいただいたりすると、いちいち今日子に聞いて、「それはやりな」とか「やんなくていい」とかアドバイスをもらってる（笑）。

小泉　フフフ。だから逆によかったりするんでしょうね。「この作品にはＹＯＵが必要だ」って。

YOU　ほとんど飛び道具的に、だけどね。

小泉　いやいや。何か、ＹＯＵって、東京の、文化的に豊かな家の子って感じがすごくする。存在がちょっと、岸田今日子さんみたいな感じ。声の雰囲気とかも含めて。

YOU　本当？　そっかー。

小泉　うん。目指すはあの存在感だよ。ムーミンの声がやれるような（笑）。

「がんばらない」のが、大人のペース

YOU　で、そういうことを考えながら、けっこうダラダラもしてるんだよね、うちら。

小泉　そうだねぇ。
YOU　もうひとり仲のいい子がいるんだけど、今日子が葉山から東京に帰ってきてからは、3人で会う回数がけっこう増えてて。
小泉　前よりは時間があるからね。でも、張り切ってご飯を外に食べに行くとかするわけじゃなくて、何か、家で集まってダラダラしてる（笑）。
YOU　そう。集合場所はいっつも今日子んちで。
小泉　最初は「今日は私が」とか言ってご飯作ってたりもしたんだけど、そのうち自然に、「もう、デパ地下で買ってくからいいよ」って。
YOU　うん。無理はしない。
小泉　30代の頃って、友だちとご飯を食べるんだったらって、お洒落なお店とかがんばって探して、それが「大人！」って感じもしてたけど、それもやめちゃったねぇ。
YOU　ダラッダラ。集まっても、寝てる時とか、よくある。
小泉　はい。ごめんなさい、私、よく寝てます（笑）。
YOU　私ともうひとりがワーッと話し込んでると、ゲームしながら携帯持ったまま寝てたりしてさ。
小泉　漫画読んでて、もうひとりはゲームしてるとか、ほとんど男子高校生みたい

（笑）。YOUんちの子どもと変わらないよね。3人でいると、お酒も全然飲まないし。

YOU 飲む時もあるんだけど、要するに、3人で会えるのは皆が休みの日なんだよね。そういう日は全員、必ず前の日に飲みすぎてるから。

小泉 アハハハ！　そうそう。だから、「今日はがんばらない日」って決めて集まってる。

YOU 「ラッキー、今日は今日子んちに行けばいいだけだ！」って、着の身着のままでデパ地下で買い物して、で、「ただいまぁ」って。

小泉 友だちというより、もう家族とか、きょうだいみたいな感覚なのかもしれないね。言い合いとかも、平気でしてるし。

YOU うん。最近はあんまりないけど、昔はよく焼き肉屋で喧嘩（けんか）とかしてた。私が一方的に泣かされたりとか。一応、親しき仲にも礼儀ありっていうか、3人の中ではちゃんと情報は共有できるようにはしてるんだけどね。私と今日子の間の話でも、SNSのグループに登録しておいて、もうひとりにも聞かせておく、みたいな。で、それぞれ自分に関係ない話は、黙って読んでるだけ。

小泉 そうそう。あと、ルールとしては、それぞれにコミューンみたいなのがあるじゃない？　私だと役者の友だちがいるし、YOUにも、もうひとりにもそれぞれに別の仲間がいるんだけど、その人たちを無理に会わせようとはしないとか。

YOU　うん。つなげたがる人もいるんだけど、あえてつながない。面倒くせぇな、と（笑）。

小泉　フフフ。それと、基本何でも話すんだけど、しんどい時には過剰にやらないというのもルールというか。気遣い、っていうのかな……。たとえば身内に不幸があってバタバタしてる時に、当事者にあれこれ言われても困るっていうこと、あるじゃない？　そういうのは、お互いにやらないことにしてるよね。

YOU　病気で入院したりとかしても、人に言いたくないもんね。

小泉　うん。私たち全員、「親にすら来てほしくない」派。

YOU　寂しん坊の人は呼んだりするよね。で、「何で来てくれなかったの……」みたいな。

小泉　私たちの場合は、まったく事後報告だったりする。たとえ事前に知っていたとしても、「何かあったら言ってね」と言っておいて、言われなかったら行かない。

YOU　そう。本当に来てほしい時だけ「来て！」って言うから。

小泉　そういうとこで張り切らないというか……。そういうのは、私なんかにはちょっとヘヴィーなんだよね。本当に困ってたり辛かったりする状態をまだ経験してないからかもしれないけど、もしそうなった時には、きっともっと近くにいると思うし。
YOU　うん。血がつながってるわけじゃないけど、目には見えない、他とは違うつながり方があって、それが安心できる理由なんじゃないのかな。こういう関係があるのとないのとじゃ、大違いですよ。ずっと生きてるので知り合いだけは増えていくんだけど、だんだん木が育っていくように、それぞれ道が分かれて、会わなくなる友だちもいる。喧嘩して、とかじゃなくて、何ていうか、それぞれの状況が違ってくるんだよね。

家族とも違う、濃いつながりがこれからのライフライン

小泉　本当にそう。それに、私たちの世代だと、親は歳とっちゃってるし、きょうだいはきょうだいで自分の家のことで大変だったりするから、私たちの世界のことを「わかって！」って言っても、酷だもん。そうすると、何かあった時にすぐ相談できるのは、同じ立場で状況をわかっていて、支えられる友だち。YOUたちとは、いつもそれぞれの肩に乗ってる役割だとか、立場だとかを置いて会えるのがうれしい。
YOU　若い時は、そういうのが難しいんだよね。張り合う気持ちも、どこかにはあ

ったりするし。

小泉　そうだね。たとえば旅行に行く時でも、「このホテル、いいけどちょっと高いよね」とか「グリーン車乗ってく?」とか、飛行機のクラスとかが問題になったり。

YOU　そういうのって、意外とデカいからねー。

小泉　でも今は「私、エコノミーで行くよ」「じゃ、そうしよう。私はビジネスで行かせてもらう」と、ふつうに言えちゃう。たぶん今は、皆がそれぞれ仕事で充実してるからじゃないかなぁ。誰かが背伸びしなくちゃいけないとか、そういう状況がなくなったから。それぞれに守るものは家に置いて、身体ひとつで集まれる。

YOU　うん。もう大丈夫だね。

小泉　それに、褒めてほしい時は、お互いちゃんと言うよね。「すごくない?」「私、偉くない?」とかって。

YOU　「すごいよ!」「偉いよ今日子!」って。

小泉　あんまり褒められることとしてないくせにね(笑)。

YOU　私は特にしてないなぁ(笑)。3人の中だと、やっぱり長女は今日子だったりするし。

小泉　歳は私のほうが下なんだけど、社会性というところでは……。年上なのに、Y

OUが末っ子。でも時どき、立ち位置が変わるんだよね。キャンディーズで、曲によってミキちゃんやスーちゃんが前に出る感じで。
YOU　この人ねぇ、これで意外と雑なところがあるから。
小泉　アハハハ！
YOU　通常はいちばんしっかりしてるのに、案外、とんでもない事件とか起こしそうなのが今日子。車でコツンと追突とかやっちゃうのは私かもしれないけど、今日子は……。
小泉　私、やる時はやるんで（笑）。何かねぇ、間違えるとおとこ気が出ちゃうっていうか。「ここは私か！」と思ってやっちゃうところ、あるんです。暴力ふるって逮捕とかされちゃうのは、たぶん私だな。
YOU　手堅いのかダメなのか、わかんないですよ、この子は（笑）。危ない危ない。もうちょっとうまいこと立ち回れるようにしないと……。
小泉　はーい。すみません。
YOU　それとね、私、ずっと言ってるんですよ。「日本でカイリー・ミノーグ的なことができるのは、今日子だけなんだから！」って。
小泉　フフフ。「何かさー、ホンワカした歌ばっか歌ってないで、ああいうの、ちゃんとやんなさいよ！」って、よく言われてるね。

YOU　そう。もう木綿の服とか着させないよ（笑）。まあ、女優としては、『あまちゃん』（2013年放送）もそうだったけど、そろそろお母さんの役とかも増えてきてるから仕方ないけど、もっとこう「攻めなよ！」と私は言いたい。我々としては、今日子のバキッ！と攻めたところが、もっともっと見たいんですよ。だから、50からは攻めていこうと思っていますので（キリッ）。

小泉　攻めるか！

YOU　そうだよ。キョンキョンっていうだけで、もう攻めようが、かわいくしようが、お母さんやろうが、自由じゃん。行き着くところまで行ってるんだし、他に誰もいないんだから。私たちに今足りていないのは、攻めのアプローチ。それはやっぱり、音楽だったり、ヴィジュアルだったりするんだろうから、それは、やります。きっちりやらせます。

小泉　がんばります（笑）。まあ、年齢を重ねるうちに、自然と「大人として」ということを考えることのほうが多くなったけど、50というのを前にすると……。ふつうに働いたとしても、あと10年かと思うと、「あれ？　このままおとなしく終わっちゃうのかな？」って気持ちになっている人は、きっと多いんじゃないかな。

YOU　うん。20代は遊んで仕事もして、30代でちょっと充実して、40代は固めの時期で……作業的にはもしかしたら地味だったかもしれないから、50でまたはじけると。

小泉　そんな時に誰かがバーン！と派手にやったりすれば、「気持ちいい！」と思ってもらえるかもしれないね。女子にも、男子にも。

YOU　そうだよー。

大人の話を聞きたい。素敵な大人の声を、もっと

小泉　でも、YOUも何か仕掛けること、ないの？　こっちから「やってやるか！」みたいなこと。

YOU　えっとね……ないよ。

小泉　ないのか（笑）。っていうか、気がつくとあなた、すっかり寝っ転がってるじゃん。

YOU　（いつしかソファにごろり）そうだよねぇ……30代では、さすがに人前でこんなことはしなかったよ（笑）。これってもしかして、ちょい〝老い〟入ってきたってこと？

小泉　老いだね！（笑）。我慢ができなくなってるんじゃない？

YOU　何かもう、ちょっと……自分でもゆるめだなぁと思っていたのが、最近、どんどん増長してて。バラエティーでも、画面見ると身体が傾いたりしててさ……。ほら（寝返りを打つ）、こうしてても、自分でも何の違和感もない。

小泉　いつもは妹みたいに思ってるんだけど、もしかしたらYOUは、実は私のすごく先を歩いてるのかもしれないね（笑）。岸田さんを通り越して、その格好、ちょっと蛭子（能収）さんが入ってきてる。

YOU　マジかー！　さすがに、それはちょっとしんどいわ（笑）。

小泉　じゃあ先輩、せめてこの連載のタイトルを決めてください。まだ決まってないから。

YOU　よし、決めよう。「今日子の部屋」っていうのは？

小泉　それはほら、大先輩がいらっしゃいますから（笑）。編集部からは「小泉対談」っていうのを提案されたんですけど。

YOU　いいじゃん。手堅くて。

小泉　何だか『時事放談』みたいだよね。おじさまたちの討論番組の。昔、細川隆元（政治評論家。1994年逝去）さんとか出演されてた……。今はすごく朝早くにやってるみたいだけど、ああいうの、もっといい時間にやってもいいよね。
YOU　うん。大人の話、聞きたい。ちゃんと素敵な大人の話を。そういうコンテンツが、今は絶対的に足りてないんだと思う。
小泉　「放談」と「対談」だったら、どっちがいい？
YOU　放談。ビシッと。
小泉　はぁい。でも小さい頃、『時事放談』っておじいさんの対談だと思ってなかった？
YOU　おじいさん？　何で？
小泉　ほら、「爺放談」って……じゃ、私たちだと「ババ放談」か（笑）。
YOU　もー、やめなさいよ、そういうの！　ということで、皆さん、今日子をよろしく。
小泉　よろしくお願いします！

（『GLOW』2015年12月号掲載）

〈放談を終えて〉

きっと死ぬまで一緒にいるんだろうなと思える身内みたいな人。ベタベタしないけど時どきイチャイチャするかも（笑）。ＹＯＵに何かあったらいつでも飛んでいく覚悟があります。

夢や目標はなくても、大丈夫

放談 2

浜田真理子

はまだ まりこ
1964年島根県生まれ。98年、アルバム『mariko』でデビュー。2008年より音楽舞台『マイ・ラスト・ソング』に出演。最新アルバムは『Town Girl Blue』。ライブ・リリース情報は公式ウェブサイト（http://www.hamadamariko.com）へ。

50代は「離別」から始まる？

小泉　この夏の『マイ・ラスト・ソング』（富山、新潟で公演・2015年）、「離別（イビョル）」をやれてうれしかったです。

浜田　そうそう。私たちの思い出の曲。

小泉　10年以上前かなぁ。知り合いから真理子さんのアルバムを教えられて、すごくカッコイイ！と、すぐにライブに行かせてもらって。

浜田　事務所から「キョンキョンが来るらしいです」って聞かされた時は、驚いたなぁ。

小泉　フフフ。そのライブで初めて、真理子さんの歌う「離別」を聴いたんですよね。私が久世光彦（演出家、作家。2006年逝去）さん演出のドラマ（『艶歌・旅の終りに』1988年放送）に出た時に使われていた歌で、その時の記憶とかがウワーッとよみがえってきて……。

浜田　私はナイトクラブで歌っていた頃、芸者さんから教えてもらったの。同じ時代に違う世界にいたふたりが、偶然、同じ歌を歌ってたという。

小泉　ええ。それからおつきあいが始まって、いろいろやっているうちに久世さんの話になって。
浜田　久世さんの作られたドラマはもちろん見ていたし、『マイ・ラスト・ソング』もすごく好きで読んでました。歌謡曲の教科書というか、辞書代わりというか、すごくいいエッセイなんだよね。
小泉　そう。それで「こういう世界を残していきたいね」ということで、朗読と歌の舞台をご一緒させてもらうことになったと。当初は1回限りの予定だったのが、ずいぶん長く続いてますよね。その間、私たちもすっかり大人になりまして……。
浜田　それで「50歳からどう生きるか」なんだ。今日子ちゃん、会社を作ったんだよね。
小泉　はい。いよいよなっちゃうんだなぁと思ったら、そろそろ動かなくちゃと。この年代の女の人って、働いていてもいなくても、子どもがいてもいなくても、「ここからどう生きる?」って考えている人、きっと多いと思うんです。
浜田　はーい、私がそうです！　私は去年（２０１４年）の9月に50になったんだけど、ちょうどそのタイミングで、事務所から独立することになって。
小泉　そう！　驚きました。
浜田　私も驚いた（笑）。何だか、成り行きでそんなことに……。翌月の仕事は決まっていたけど、その先は白紙だったから、慌ててあちこちに電話をかけて「ライブやらせてください！」みたいな。

小泉　大変でしたね。

浜田　事務所にはちょうど12年いたんだけど、その間、ギャラの交渉も、新幹線とか飛行機のチケットを買ったりするのもやったことがなくて。今は、ひとつひとつ人に聞きながらやってるところ。ああ、これまでは恵まれてたんだなぁと……。干支も一回りする年だし、そろそろ独り立ちしなさいってことなのかな？と思い始めてる。

いろいろあったから、優しく強く

小泉　そういう感じ、私も今、すごくあります。真理子さんは、ずっと島根で音楽をされてきたんですよね。もともとはご実家の影響でしたっけ。

浜田　父がスナックをやっていて家にジュークボックスがあったから、歌は身近でしたね。裏にお金を払わずに音楽をかけられるスイッチがあるのを知ってたから、操作してこっそり聴いてました。

小泉　フフフ。楽器は？

浜田　ピアノを習っていたのと、やっぱり父がギターを弾いていたので、コードを教えてもらって。ほら、私たちが小さい頃って、国民が皆、歌が好きだった時代じゃないですか。

小泉　そうそう。歌詞からいろんなことを学ばせてもらった世代ですよね。大人っぽい歌詞の歌を、学校帰りに皆で歌ったりしたなぁ。

浜田　私も「人形の家」（弘田三枝子）を歌って、友だちの家のおばあさんに「子どもがそんな歌を！」って叱られた（笑）。あの頃の歌って、やたら「愛してる」とか「命をかける」とか出てくるじゃない？　今の若い子たちが聞いたら「そんなの重いし」って言いそうだけど。

小泉　今は皆で歌う歌がないですもんね。カラオケで古い歌を歌うと、若者にポカーンとされる。

浜田　テレビの歌番組も、今と違って多かったからね。途中から今日子ちゃんが出てくるんだけど。

小泉　エヘヘ、そうでした。真理子さんが初めて人前で、ギャラをもらって歌ったのはいつですか？

浜田　大学生の頃かなぁ。パーティーのアルバイトや、ピアノの置いてあるレストランで。

小泉　弾き語りのできる女子大生って、カッコイイ。
浜田　いやいや。ぜんぜんプロフェッショナルじゃなかったですよ。で、大学を卒業して鳥取に行って、ナイトクラブで歌うようになって。
小泉　一時、会社勤めもされてたんですよね。その間に結婚して、出産もされて……。子どもの頃から今までのこと、去年出されたエッセイ（『胸の小箱』本の雑誌社刊）に書かれてますけど、すごくおもしろいって、私のまわりでも評判ですよ。
浜田　本当？　お恥ずかしい。本はいつか書いてみたいと思ってたけど、50年かかってもこれだけしか書けませんでした、という感じで。
小泉　離婚したお父さんやお母さんのこと、歌のこと……ナイトクラブで歌ってた時、意地悪なホステスさんにいじめられたりとかね。
浜田　そう。で、意地悪返しをしたと（笑）。ドラマ化されたら今日子ちゃん、やってくれる？
小泉　いじめる役でもいい？　フフフ。
浜田　それいい！　でも、やっぱり書けない部分もありました。結婚してた時のこととか。まぁ、子どももいるし、相手のあることでもあるので。ただ、書いても暗いだけなら要らないんじゃないかな？とも思って。振り返って笑えないうちはね。でも結局、私のしてきたことって、全部ヘタレなんですよ。何もたいして成功してないし、東京にも出られなかったわけだし……。『あまちゃん』にもそういう子、いたよね。

小泉 うん。ユイちゃん。

浜田 だけど「それでも音楽やれてまーす！」ってことは言えるかなと。皆、けっこうそうして生きてるんだよっていうのは、伝えられるんじゃないかと思ったのね。だから、これを書いていったんリセットというか……。本当、叩き上げで、現場で揉まれて育ってきたんですよ。今日子ちゃんもでしょ？ 10代から働いてきたわけだから。

小泉 働いてましたねぇ。うちは5人家族で、私は三人姉妹の末っ子ですけど、父の仕事のことで一家離散した時、末っ子としては、親や姉たちの足手まといになっちゃいけないなと……。

浜田 わかる。私は長女だけど、家族は重かったよ。

小泉 何もできなくて悪いなぁって毎日息苦しくて、自由になりたかった。中学生だからまだアルバイトもできないし、仕事といっても、新聞配達かアイドルくらいしか思いつかなくて。

浜田 「アイドルくらいしか」って、あんた、ちょっとかわいいと思ってさ（笑）。でもそれで日本一になっちゃうんだからなぁ。きっと、今日子ちゃんのまわりには、いい人がたくさんいたんだね。

小泉 そうそう。それは恵まれてたと思います。高校生でデビューしたはいいけど、歌のことも演技のことも何も知らないから、本当に愕然(がくぜん)とすることばっかりだったけど、それこそ久世さんにも会えて、いろんなことを教えていただいて。もちろん欠落しているところもいっぱいあるんですけど、この年齢になって、それを逆に感じなくなってきた感じ。経験しなかったこともそれはそれとして、何となくチャラになりつつあるなと。

浜田 そうだね。あと、自分と違う人だなと思っても「この人にもそれなりにいろいろあったんだろう」って、ちょっと人に優しくなれる感じ？ キツいことも、いっぱい経てきたわけだし。

小泉 うん。若い頃はほんのちょっとのことで思いつめがちだったけど、この年齢になって、どうせいつかは死ぬんだと思ったら「別にいいんじゃないの」って。ねえ真理子さん、若い頃「どうせ長生きできないし」って思ってなかった？

浜田 思ってた！ ジャニス（・ジョプリン）だって早死にしたんだし、とか、そういうのがカッコイイ気がしてて。でも、今は長生きしたい（笑）。

小泉 ゆっくりね。エネルギーを大事に使って。

やらされることも、大事な経験

浜田　健康で、長生きしたら、まだまだできること、伝えられることがあるんじゃないかって気がするんだよね。音楽のこととか、人生経験とか。

小泉　私も。何年か前、テレビドラマに続けて出たら、若い女性のファンがすごく増えたんです。高校生とか、20代前半とか。聞いてみると、「ああいうふうに生きればいいんだ」「こういう大人になればいいんだ」って思ってくれたみたいで。

浜田　へぇー。でも、そうだよね。確かに、自分でないと教えられない技術のようなものがあるとしたら、それを残したいって気持ちはある。

小泉　うん。生き様も技術だとしたら、生き様も。

浜田　反面教師にしてくれてもいいしね。あと、その「残す」過程で、自分ももう一回、何かを確認したいのかもしれない。それこそ『マイ・ラスト・ソング』も、確か久世さんが、50の声を聞いて自分もそろそろ……ってところから始まるんですよ。「後進のために」なんて、自分でもどういう作用なのかわからないけど、たとえ重いとかウザいとか昭和とか言われたとしても、言っておきたいことは言っておきたい（笑）。

小泉　フフフ。真理子さんはライブの時にも、よくファンの人と話してますよね。いいママのいるクラブに行ったみたいな感じがするんですよ。で、「ママって、歌もうまいんだ」みたいな（笑）。

浜田　ハハハ。だけど今は、ライブが終わっても若い人は打ち上げとかしないで「明日、早いんで」って、さっさと帰っちゃうんだよ。おいおい、俺に明日はないのかよ！って（笑）。

小泉　俺たちにだって明日はあるよ！　明後日もな！（笑）　ほら、10代20代の頃からやりたいことが決まってて、がんばった人っているでしょう？　でも、私はそうじゃなかった。好きな仕事ではあるけど、自分から「あれがやりたい」「これがやりたい」って動いたことはなくて、「えー、アルバム？」「ドラマ？　うーん」って、そんなふうにしながら生きてきちゃった。それが、私のずるいところなんだけれども……。

浜田　ああ、私も。まわりが皆、音楽を好きで、自分も何となくやってきて、「え、プロになるの？」「CD作るの？」って、人にやれと言われたことをやってきた感じ。漠然といい音楽をやりたいんですって言うと、何だかやる気がないと思われるみたいで。私のやる気ってどうやったら伝わるんだろう？と思いながら、流されてきた。

小泉　そう。やると決めたらやるで、誰よりもがんばってはきたんですけどね。それでも「もっとできるでしょ」とか言われたりすると、「できない私なんか死んじゃえばいいのに」「明日の世の中、なくなっちゃえばいいのに」とか思って（笑）。

浜田　むしろ「全員死んじゃえ！」って（笑）。私も、とにかくまわりをがっかりさせたくなかったなぁ。結局、ダメなやつだと思われたり、人にイラッとされるのが嫌だったからなのかもしれない。だって、やっぱりそれって悔しいし。

小泉　うん。負けず嫌いですから。まあ、「でもやってよかったな」って気持ちにはたどり着けてはいるわけだから、やらされてきたことに、逆に助けられていたのかもしれないですね。

浜田　そうだね。逆に、本当に自分の好きなことだけずーっとやってきたら、学ぶ時がなかったかもしれない。学べたのは、自分の頭では思いつかないことを誰かがさせてくれたから。その時は「何でこんなこと」って思うけど、そういうことがあとになって、自分の自信になってたりする。

小泉　夢や目標がないっていう人は、ついついそのことで悩みがちだけど、「この仕事をやったら誰々が喜んでくれるかも」というふうに思って人に言われたことをやっていくと、いつかどこかにたどり着けるかもしれない。案外、そういう生き方が、正解なのかもしれないですよね。

浜田　そうだね。私も、20代は尖っててぜんぜんダメだったけど、40の声を聞いてからはそういう足かせがどんどん外れていって、今、50代でひとりになってみたら、自分の責任でやれる範囲だったら何でも責任取るし！という気持ち。前は、失敗した時のことばっかり考えてたけど、「今日私が失敗したとして、それが何だっていうの？」と。そうなったらそうなったで、今の私なら何か対処できるでしょって。再スタートだけど、何も知らないところからのスタートじゃないしね。

小泉　はい。会社を作ったことで、退路を断った感じはありますね。いつもは人に電話かけたりするのがすごくおっくうな人間なんですけど、今は「でも、やんなきゃ！」って気持ちになってる。

浜田　フフフ。私も、身体と声の限界まで挑戦中。少なくとも、あと5年くらいは爆走しようと思ってる。「今かよ！」って気もするんだけど（笑）、これからもっともっと自由になれるんじゃないかなぁ。だって、めっちゃ楽しいもん、今。怖いことは怖いんだけど、そのぶん、仲間が増えたって気分もあるしね。今日子社長みたいな。

小泉　うん。そうですね。

浜田　今日子は今日を生きる子。私は真理の子。とにかく、この人生を生きて、ずっと何かを探してる感じがするんだよね。

小泉　ですよね。何を探してるのかもはっきりとはわからないけど、きっとどこかにはたどり着くんだろうなぁって。

浜田　でも結局、「いやー、わからんかったわ……ガクッ！」って、死ぬことになっちゃうかもしれないけどね（笑）。

小泉　「わ、わか……ガクッ！」とか（笑）。

浜田　何それ、わかったのかわからなかったのか、はっきりさせてよ！　ハハハ、ああ、やっぱり演技じゃ、女優にはかないませんわ。

（『ＧＬＯＷ』２０１６年1月号掲載）

〈放談を終えて〉

真理子さんの歌声は、その空間のすべてを包み込むような包容力。人柄も同様、心がとてつもなく大きないい女です。なぜそんな歌が歌えるのか？　今回の会話で少しわかったような気がします。真理子さんの歌をまだ聴いたことがない方はぜひ聴いてみてください。鳥肌立ちますよ！

スローダウンはまだ早い

放談3

江國香織

えくに かおり
1964年東京都生まれ。2004年、『号泣する準備はできていた』で直木賞を受賞。近作に『ヤモリ、カエル、シジミチョウ』『犬とハモニカ』『なかなか暮れない夏の夕暮れ』などがある。

「雨」がつないだ不思議なご縁

江國　お久しぶりです。この間はお電話をくださって、ありがとうございました。

小泉　以前にご連絡先を伺っていたんですが、なかなかかける勇気が出なくて。でもこのページのことお願いしなくちゃ！と、ほろ酔いの時に思い切って……。お酒の力って、ありがたいですね（笑）。江國さんとは、2回ほど「お肉の会」でお目にかかっていまして。

江國　井上荒野さんや角田光代さんたちと月に一度、肉を食べる会というのをやっているんですが、小泉さん、自転車でいらっしゃったんですよね。

小泉　フフフ。たまたま家が近かったんです。

江國　確か陽気がいい頃で、テラス席で、ずいぶん遅くまで気持ちよくシャンパンを飲んで。

小泉　次の日、思い切り撮影だったんですけどね（笑）。新聞で書評委員を一緒にやっていた川上弘美さんから「江國さんの作品、きっと好きだよ」と言われて、それで

『神様のボート』(1999年)や『泳ぐのに、安全でも適切でもありません』(2002年)とかを3、4冊、一気に読んだんです。その頃、何か悩みを抱えてたみたいで、号泣しながら……。あ、そうだ、『号泣する準備はできていた』(03年)も！自分では、ぜんぜん準備できてませんでしたが（笑）。

江國　うれしい。私はテレビを観たりCDを聴かせていただいたりしていましたが、小泉さん、猫に「小雨」って名前をつけられていたでしょう？　それを誰かから聞いて、うちの犬が「雨」だったこともあって、何となく親近感を持っていました。

小泉　雨と小雨。

江國　ええ。私が雨をお店で見つけた日が、ちょうど雨の日で。次の日、動物病院に行ったらカルテに名前を書く欄があって、それで「雨だったから、雨」って、その場でつけちゃった。

小泉　私も同じです。ペットショップの帰り、ちょうど春で、パラパラッと優しい小雨が降ってきた。それで、ついてきてくれた友人に「小雨さんっていうのはどうだろう？」と言ったら、「いいじゃない、芸者さんみたいで」って（笑）。

江國　小雨姐（ねえ）さん、かわいい。たぶん、死んじゃったのも、同じくらいの頃じゃないかな。

小泉　そうですか。うちは急だったからか、自分でもびっくりするくらい悲しかったですね。親が死んでもあんなに泣かなかったぞ、というような。

江國　うん、私も。父の時より母の時よりどうしようもなくて。犬も猫もいっぱいいる家で育ってきたので、慣れているつもりだったんですが……。雨が死んだことを、いまだに引きずっているんじゃないかという気がしています。

私は「おばさん」？　それとも「おじさん」？

小泉　江國さんは50歳を、どんなふうに迎えられたんですか。

江國　年齢でどうこうということはそれまであんまり感じなかったんですが、50歳の時は、ちょっと変な感じがしましたね。「まさか本当じゃないよな？」って。で、なったあとも「まさか本当になったわけじゃないよな？」と。

小泉　その半信半疑、今、まさに感じているところです。今思うと、40の時のほうがイベント感があったんですよね。「なるぞ！」っていう。

江國　うん、うん。「行くぞ！」という。

小泉　大人になるのはわかっていたけど、自分が50歳になるとは、実はあまり思ってなかったんでしょうね。だから「うそ……」って（笑）。

江國 そう。それに、50になる頃には、もっと自分が落ち着いているだろうと思っていたので。何も変わらないままなってしまったのが、「えっ?」という感じの正体だったのかな。そういえば、その少し前に、ものすごく髪を短く切ったんですよ。

小泉 へぇー。

江國 刈り上げとまではいかないけれど、ギリギリなベリーショート。自意識過剰だったのかもしれないけれど、自分で勝手に「大人っぽくしなくちゃいけない」と思って。もう50なんだから、いい歳をしていつまでも少女くさいというのもね、ということで、着るものも大人っぽくしようと。

小泉 「何着ればいいんだよ?」って、本当に思いますよね。今買うと間違えちゃいそうで、そういえば1年くらい、ちゃんと買えてない。何か少し、気分が消極的になってるのかもしれません。

江國 迷い時なんですよ、50歳前後って。

小泉 はい。それと同時に「どう生きるんだよ?」というのを、感じ始めていて……。江國さんが小説を初めて書いたのは、いつですか。

江國 20代ですね。好きでずっと書いてはきたんですけど、活字になったのは20歳の時。最初は、雑誌に詩を投稿したんです。そのあと、しばらくは短い物語を書いて応募して、初めて依頼をもらったのは23歳。飽きっぽい性格なのに、思えば、書くことだけはずっと続いていますね。

小泉　書くものは、変わったんでしょうか。

江國　それは年齢に関係なく、常に変わってきたと思います。でも、ここ10年くらいは、登場人物の年齢が上がっていますね。私が歳をとるのと同時に上がってきているのが、何かちょっと悔しい（笑）。それで今、14歳と17歳を主人公にした小説を書いています。仕事以外では、あんまり意図的に何かを変えようとしたことはないんですが……。

小泉　私もそうです。仕事をしながら人に出会って、影響を受けて変わっていくことはあったかもしれないけど。あとは自分には難しい役が来た時に、勉強したりして。ちょっと前までは、年齢のことを自虐的に言うのが自分の中で流行ってたんですが、もうそれもやめようと思ってます。

江國　流行ってたんですか。

小泉　はい。おばちゃんのふりをするのはもうやめようと。しなくてもわかるんだからって（笑）。

江國　アハハ。そういえば、服装もだけど、言葉遣いもちょっと迷いませんか？知らない人としゃべる時、気がつくと、ものすごくおばさんぽくしゃべっている時があったり。

小泉　あります！

江國　そうかと思うと、「おまえ、自分をいくつだと思ってるんだよ」と言われかねないくらい、若ぶった物言いをする時もあって。

小泉　おばちゃんだったり、若者だったり。

江國　それを、自分でコントロールできないんですよ。どっちにするとかまったく思っていないのに、気がつくとどちらかをやっていたりするので、自分でもびっくりします。

小泉　方針が定まらないんですよね。

江國　おばさんの時は、自分の母親の口調とそっくりになってたりして、「怖っ！」と（笑）。あと、たまにおじさんも出てきますね、どこからか。

小泉　出ます出ます。テレビのニュースとか観てると、「なっとらん！」と憤慨して。

江國　場合によっては、おじいさんにもなっている（笑）。少年だけが出てこないですね。

小泉　ああ、どうやったら定まるのか……。

江國　もしかしたら、定まっていくのが怖いのかもしれないですよ。先のことがどうなるかは昔も今もわからなくて、今の生き方にしても「これだ！」と思っているわけじゃないし、流れるところに流れていこうと思ってきたけれど、今固定してしまったらもうずっとそのままかもしれないと。

小泉　（頷く）そうかも、ですね。

江國　このまま死んじゃうのか？と思ったら、まだまだ変わる余地があると思っていたいのかも。変わることの怖さより、変われなくなることの怖さのほうが大きいのかなぁ。

今なら「フェミニストです」と言える

小泉　だからなのか……。先輩の話を聞きたいと思われたことって、ありますか？

江國　ええ。昔から女性の自伝や伝記が好きでよく読んでいるんですが、A・K・シャルマンという作家の自伝的なエッセイで、『雨水を飲みながら』（みすず書房刊）という作品が好きで。あまりにも好きで、本人に会いに行ったことがあるんです。

小泉　へぇー。

江國　若い頃、すごく活動したフェミニストなんですが、当時はもう70代だったのかな？　ニューヨークで暮らしながら一年の半分は無人島に住んでいて、本当に雨水を溜めて暮らしていて。「すごいエネルギーだ！」と思ったのを覚えています。

小泉　カッコイイなぁ。私も、ちょっとした修行の気持ちで葉山で暮らしてたことがあったんですが、朝ドラが始まった時点であきらめました（笑）。

江國　無人島願望、ありますよね。彼女のことで印象に残っているのは、「あなたはフェミニストか？」と聞かれたこと。今だったら「間違いなく」と答えるんですけど、あの頃はフェミニストって、何か運動をしている人のことだと思っていたんですよね。ウーマンリブ運動と混同していて。

小泉　ちょっと怖い人、みたいな。

江國　ええ。それで、答えに詰まってしまって。すごく情けなかったですね。

小泉　私も最近になって、フェミニズムというのを身近に感じます。若い時はどこか自分の問題ではないと思ってきたけれど、やっと「ああ、そういうことなのか」と。特殊な仕事で、会社のような組織に入ったこともないから、女性だということで辛い目に遭ったということがなくて、ずっとピンときていなかったんですが。

江國　確かに女性と男性の違いはあるけれど、でも、違うことがおもしろいんだと、今は思いますね。これは恋愛においてはいいことかどうかわからないですが、最近は「男の人だからしょうがないな」と思って許しちゃう部分がある。前は、そういう許し方は絶対にできなかったのに。

小泉　そういう変化、ありますね。ちょっと前まで、男も女も含めて「私より強い人なんていないじゃん」と思ってた（笑）。だけど、それぞれ違うんだということがわかると、弱さとかできないこととかも、逆にかわいらしく感じたりして。「でもこの人、私が苦手なことができるしなぁ」とか。フェミニズムを感じるぶん、男の人が生きていく中で大変なことも見えてくるし。

江國　気持ちがわかる、とまではいえないでしょうけど、「わかるよ」という気持ちですね。

小泉　「がんばってるのね」って、ちょっと背中をなでてあげたいような感じ？　フフ、だからおじさんが出てきちゃうのかな。

江國　なっちゃうなっちゃう。で、そのおじさんは、絶対に昭和のおじさんなんですよね。

小泉　はい。ステテコはいてます（笑）。

スローダウンは、まだ早い

江國　50代になって、この先も楽しく過ごしたいとは思っていますけど……。ただ、残り時間が減っているということには恐怖を覚えますね。「外国で暮らしたい」とか「ピアノをまた始めたい」とか、いつかこうしようと漠然と思っていたことが、そのままになりそうな不安。仕事も、書きたいものがたくさんあるけれど、それにしては時間がちょっと少なすぎるのでは?と。

小泉　確かに。女優の仕事だと、年齢を重ねるごとにやれる役が増えるという楽しみは変わらずにありそうですが、おっしゃるように、「いつか」という時間が本当になくなってきている気がするから、今、すごくバタバタと……。まずは仕事で「私にはできないかなぁ」と思っていたことを、思い切ってやろう!という感じです。

江國　うん。私もまだ、スローダウンはしたくない。落ち着けないのか、落ち着きたくないのか、迷うところですが、この状態を抜け出さないほうがいいんじゃないかとは思ってます。まだまだ渦中にいたい、というか。

小泉　迷う自分を、楽しんでもいるんですよね。

江國　そうですね。そうして、私の場合はずっと小説を書いているわけですけど、たとえばこの間、ある賞をいただいた時、30年近く一緒に本を作ってきた人たちと一緒に祝えたことがすごくうれしかったんですね。若い時の受賞も、もちろんうれしかったけれど、皆で「やってきたね」というふうに思えること、そういう思いを分かち合える人たちが近くにいるということが、とても心強くて。その人たちがいる限り、これからまだまだおもしろいことができるにちがいないと思えるんです。

小泉　私の場合も、映画でも音楽でもチームで作るもので、前に出ているのは私だけど、やっぱり皆の力があってこそ。それに今、自分のスタッフや身近な人たちが、皆、年下になってきているじゃないですか。だから、彼らの……たとえば結婚して子どもが生まれたばかりの人がいると、その家族の存在まで感じて生きていかなきゃな、という感覚になってきています。「よし、あの乳飲み子のためにも働くぞ!」と。

江國　カッコイイ!　私の担当の方たちも、亡くなられる人あり、第一線を退かれる人ありで寂しいと思うこともありますが、きっとどこかで見てくれていると思うし、若い編集者の方たちに私の小説がどう映るのかにも、興味があります。

小泉　ええ。大人が心からおもしろいと思うものを作れば、若い人たちもついてきてくれるんじゃないかなという期待が……。だから、今まで怠けていたことを、ここ10

年でワーッとやって、そのあとでちょっと落ち着いてもいいかな？という時が来たら、また猫を飼いたいなぁと。

江國　ああ、私も。雨がいた時は旅が多くて留守がちで、かわいそうなことをしてしまったから、次に飼う時は、あんまりひとりにしないように。そう、楽しみなのはそれかもしれないですね。……え、雨なの？（窓の外を見る）あ、本当だ。

小泉　フフフ。呼んじゃったのかもしれませんね。雨、私はけっこう好きです。

江國　私も。降る前って、匂いでわかりますよね。

（『GLOW』2016年2月号掲載）

〈放談を終えて〉

江國さんの声がとっても好き。渇いているような、湿っているような、真逆のものが混在している声。ずっと聴いていたい楽器みたいな声。こんな素敵な声を持ってるから、あんな小説が書けるのかもしれないと思ってしまった。

生きていく世界を決めること

放談4

吉本ばなな

よしもと ばなな
1964年東京都生まれ。87年のデビュー作『キッチン』以降、清新な作品を次々と発表。著作は30か国以上で翻訳されている。最新刊は『吹上奇譚 第一話 ミミとこだち』（幻冬舎）。noteにてメルマガ「どくだみちゃんとふしばな」を配信中。

「祭り」を終えて、いざ、楽園へ

吉本　今日子さんも今年で50歳ですか。ふえぇ～、信じられない。人んちの子は育つのが早い！

小泉　人んちの子（笑）。そうなんです。なので、50歳を経験した方に「どんなでしたか？」というお話をお聞きしていまして。

吉本　私は去年……いや、一昨年？　50過ぎるとわかんなくなっちゃう（笑）。でも、何の気なしに抜けていこうと思ってたのに、意外にすごい節目になっちゃって、自分でもびっくりしました。

小泉　へぇー。気持ちの変化ですか？

吉本　いや、何か、物理的に。40代の最後の年、突然「50になる前に、何でもやっておこう」みたいな気持ちになったんですよ。それですごく久しぶりにショートカットにして、ボクシングとかやって体重落として、短パンはいて、「祭りだ！」って。

小泉　祭り！

吉本　そう。50になる、それを言い訳にすれば何でもやれるかなと。ハワイに行って、「ヴィクトリアズ・シークレット」で豹柄のブラジャーとか買ったりして……。

小泉　アハハ！　気持ちよさそう。

吉本　そうしたら気が済んじゃったみたいで、何か、そのあと急に、全部がどうでもよくなったというか……。それまで、自分はぜんぜん気にしないタイプだと思って生きてきたけど、やっぱり社会からの見た目とか、そういうものにこだわってたんだなぁというのは、思いましたね。

小泉　抜けた感じ？

吉本　抜けましたね。で、その後は体重管理とか一切しなくなって、楽園に突入（笑）。快適さとか、そういうことを重視するようになりました。まぁ、ちょっとした隠居感というか。楽園も、健康を害さないようにというのと、いつもジャージ姿ということにはならないようにだけ気をつけて……でも、女優さんだと、なかなかそういうわけにはいかないですよね。

小泉　ぜんぜん、ジャージですよ。映画とかドラマとかの撮影に入っちゃうと、現場行くのなんてほとんどジャージじゃないかなぁ。女優でも。

吉本　そうなんだ。現場感炸裂（さくれつ）だなぁ。あ、あと、仕事を徐々に減らしました。

小泉　おぉ。

吉本　うん。ここに来るまで本当に大変だったから、「もういい」って。１００まで生きるかどうかわからないけど、もう半分じゃん！って。ふつうの人が60歳で定年になるとしたら、私はずいぶん若い時から働いてきたわけだから、50でいいんじゃないかなと勝手に決めて。本当は50きっかりでそうするつもりだったんですけど、ズルズル延びて、２年くらいはかかりましたね。

隙間は大事。たぶん何よりも

小泉　そうだったんですか。ばななさんとお会いしたのは、雑誌で対談させてもらったのが最初ですよね。たぶん、20代前半の頃。

吉本　そうですね。そのあとも電話でしゃべったりして……。でも、忙しそうだったなぁ、いつも。

小泉　でしたねぇ。それもそうだし、何だか、あの頃はいろいろ大変だったんですよね。自分が子どもで忙しくなかった頃って、ぼんやりしたり、いろんなことを空想したりする時間があったんですけど、仕事を始めてから、そういう隙間みたいな時間がなくなっちゃって。何だか息が上手にできないなぁと思ってた時、ばななさんの『キッチン』を読んで、「ああ、隙間ができた!」って気持ちになれたというか。

吉本 うれしい。隙間、大事ですよね。

小泉 今も、ちょうどそういうタイミングの時に新作を読んで、「ああ、助かった」「戻ってこれた」って思ってるんです。

吉本 そうかぁ。私も24歳くらいで作家になったけど、それでいきなり売れちゃったもんだから、急に課長とかになった気分? でも友だちはやっと就職したばかりだから、何だか周囲との間に変なギャップができちゃって。そんなに苦しみはしなかったけど、長い間「話せる人、いないいなー」と思ってたんです。でも、最近、やっと周囲と足並みが揃ってきたというか。「どうだ、課長の気持ちがわかったか!」って。

小泉 うん、うん。この年齢くらいで、ちょうど横並びになるのかもしれないですね。まぁ、特殊な仕事だということもあって、この世界で自分が自分でいられるためには、あの頃はまだ、すごく無駄な努力をしなくちゃいけない感じで。

吉本 (首を上下に) まったく。頷くばかりです。

小泉 「これはおかしいのか? おかしくないのか?」みたいなことを、始終考えて。おかしいと言ったら変わり者だと指をさされるし、おかしくないと言っても、そうでないと思ってる相手から反論されたりして……。

吉本 私もキャリアが長いから、それなりに芸能界の方にお会いしてきたんですけど、何ていうか、皆、素っ頓狂になっちゃいますよね。もちろんお名前は言いませんけど（笑）。

小泉 アハハハ！

吉本 異常な状態になっていることで、何とか自分を保っているというか。

小泉 それこそ、お祭りが続いている感じ。

吉本 たぶん、麻痺（まひ）させないととても歩めないような世界なんだろうなぁと思いますけど、どこかで無理がたたりますよね。だから、そうじゃない今日子さんのことを、皆が好きなんだろうなと思うんです。たぶんこの人には、暮らしっていう、仕事じゃない面があるんだろうなって。

小泉 そうなんです。それを守るためにどうしたらいいのか？と、ずーっと。

吉本 オンとオフというか、「この人は家に帰って、ちゃんと自分の気持ちで自分の時間を過ごしているんだろうな」と。長く活躍している人には、そういう人間らしい部分が、必ずある気がする。

小泉 たぶん、その仕事に就く前の時間を捨てるか捨てないかっていうことが、大きいんじゃないかと思いますね。そうなる前にいろんな嫌なことがいっぱいあった人なら、それらを全部捨てたくて素っ頓狂になることもあるかもしれないけど、幼い頃の楽しかったことや、家族といた時間とかを大事に思っている人は、あんまりそうはならないような……。もちろん「新しい自分を作っていくんだ」と、ゼロから始める気持ちの人もいるかもしれないけど、自分が大事にしているものは変わらなくて、それがあるから自分を好きになれるんだな、と思うことは、よくあります。

吉本　それこそ、隙間の部分ですよね。もしかしてこの世でいちばん大事なものかも、くらいに私も思ってます。作家の人たちも、すごいことになっちゃってる人は多い。まあ、所詮（しょせん）は非リアの仕事ですからね（笑）。家でひとりでやってるし。

小泉　お父さま（故・吉本隆明）が文章を書く人だった影響は、やっぱりあるんですか。

吉本　編集者がふつうに家にいるとか、そういう現実的なことは見てましたけど、そういうことがわかる以前に、もう仕事を決めちゃってたので。だから仕事については悩まなかったけど、私は、実は小説家というより、身の回りの人のことをよく見て、その人たちに「こうしたらいいんじゃない？」みたいなことを言うことのほうが、本業のような気がしてるんです。ずっと前から。

小泉　へぇー。

吉本 子どもの頃から、皆が「あの人はいい人」って言っても、「え？ ぜんぜん違う」と思うこともいっぱいあったし、逆に「悪い人だから近寄らないで」と言われても「いいなぁ」と思ったり。それがないまぜになっている場合は、「だいたい何パーセントくらいだな」みたいなところまで観察できるようには、訓練されていると思います。

小泉 すごい。

吉本 小説家っていうのは、たぶん、もっと物語を創り出したい人なんだと思う。私の場合、観察力を極めるという状態が自分の職業で、そこにたまたま書くことが加わったというだけで……。だから、たまたま副業で生きていけて、本当によかったなと思います。本業だと、たぶん無給だから。

小泉 その副業の成果が、私に届くわけですね。

吉本 うん。届く人には届くみたいだから、役に立ててよかったと。

感じ合える相手がいれば

小泉 本当によく人を見てこられたんですね。

吉本　ええ。それに20代から仕事をしてると、本当にいろんな大人に会うじゃないですか。大人って、若い人にすごく無防備な姿を見せるから……。

小泉　ですよね。若い時に、私、そういうことが全部面倒になっちゃって、「あんまり人と仲良くしないようにしよう」と決めたんです。それで、仕事相手とご飯を食べるとか、一切してこなかった。けど、大人になってちょっとずつ許せてきたというか、「もう負けないから、大丈夫」って。

吉本　きっと、とんでもない出来事にいっぱい遭ってきているからじゃないですか？　家に帰って服を床に投げつけたくなるようなことをいっぱい経験すると、「これは合わない」「これは大丈夫」ってことが、だんだんわかるようになってくる。

小泉　そうかも（笑）。だからもう「こっちから先に許してやれ」みたいな。

吉本　罠とか誘惑って、いつでもありますもんね。でも、そういう時はやっぱり人を観察して「これはちょっと困っちゃうな」と思うことは反面教師にして……。今日子さんと私は、ジャンルは違っても、極端に言うと、精神的レイプみたいな目にいっぱい遭ってきている。お互いにそれについて話し合うことは、たぶんこれから先もないけど、「とんでもなかったよね」ということを心の中で感じ合えてて、それがあって今がある。そのことにおいて、すごく安心できる存在なんです。

小泉　（頷く）うん、うん。

吉本　そういえば、30代の頃かなぁ、外でご飯を食べていたら、その店に今日子さんがふつうに入ってきたことがあって……。

小泉　ああ、中華街でしたよね。

吉本　そう。突然現れて、入り口の人に「何人なんだけど、いい？」みたいなことを言って、上の階に上がっていった。あれ、すごくよかった。

小泉　私、そういうタイプなんですよ。舞台のあと、仲間と「もう一軒行こうぜ」って話になったら、自分だけワーッと走っていって「5人なんだけど空いてます？」って。

吉本　まさにそれ。その時一緒にいた人たちが「あ、キョンキョンだ」って皆、ニコニコしてて、何か、すごくいいものを見た感じがしたんです。ほら、フードをかぶってまわりを5人くらいが囲んで、みたいな人々もいるじゃないですか（笑）。

小泉　ハハハ！　仕事では大勢を相手にしているけど、私は、まずまわりの人が幸せじゃないと、そこから先には届かないなという気がしていて。だからスタッフに意地悪する人とか、納得いかない。

吉本　「お茶が熱い！　ビシャッ！」みたいな？

小泉　フフフ。だから、ばななさんの本で読んだ〈小さないじわる〉（２０１５年刊・『小さないじわるを消すだけで』ダライ・ラマ14世共著より）のこと、時どき戒めに思い出してるんです。「ダメ、私、いじわるになっちゃってる！」って（笑）。

吉本 人を嫌な気持ちにさせるのが持ち味の人なら、それもありなんですけどね。でもまあ、多くの人は、そんなに怖いものや恐ろしいものは見たくない。だから、長く仕事をしていこうと思ったら、やっぱりまわりの人が幸せで、自分も温厚でいられたほうがいいと思います。

生きていく世界を決めること

小泉 祭りをやって、スッキリしてからの50代はどうですか。

吉本 自分の行き先やどういうものを好むかとかは吟味できていて、もうあんまり変わらないのはわかってるから、あとはそこに向かって進むってことですかね。自分と合わない場所にはなるべく行かないで済むような人生にする、というか。ジャンルで分けると、家の近所と、伊勢丹みたいなふつうに出かける場所と、ノーベル賞的な場所と……このたとえで、わかりますか？

小泉 はい、何となく（笑）。

吉本　その3つの世界のどこに、自分の照準を合わせるか。私はもう、ノーベル賞的な場所はいいなって思ってる。あと、政治家的な世界とか。

小泉　うん、うん。

吉本　「これからの日本を考える」系とかね。そういうの、本当に考える人は行ったほうがいいし、任せたいと思うけど、私のことは誘わないでくださいと（笑）。そう言い続けてたら、だんだん誘われなくなってきたけど。

小泉　そう思います。「ちゃんと見極めて！」って感じですよね。

吉本　あとは、できれば1年に1冊、思う存分小説を書き下ろしたい。一応、そのくらいの気持ちがないと、本当に楽隠居になっちゃうから。でも、時どきズルして薄い本にしたり（笑）。まじめになりすぎないのもすごく大切だと思う、50代は。

小泉　そうですね。決めたことにとらわれてキーッ！となっちゃうのもアレだし、結果よければいいじゃん？って。ちょっとした変更とか微調整はありだよね、と私も思います。

吉本　今日子さんは、祭りはするんですか？　するなら、急がないと。

小泉　そうだなぁ……仕事でちょっとだけ海外に行くから、そこで祭ろうかな？　でも、空港に着いたら制服の人たちが待ってる、みたいなのはやばいですね（笑）。

吉本　フフフ、新聞には載らないでくださいね。温かく見守らせてもらいます。

（『ＧＬＯＷ』２０１６年3月号掲載）

〈放談を終えて〉

前世というのがあるのなら、ばななさんは私の師匠だったのかしら?と思う。もっと近い存在だとしたらお父さんとかお母さん。とにかく、この人のそばで学ぶことがうれしくて、目をキラキラさせていたと思う。ばななさんのまわりには、私のような人がきっとたくさんいるから、いい弟子として、いい子どもとして、迷惑かけないようにちゃんと生きたいと思っちゃう。

"その人らしい"が美しい

放談5

中野明海

なかの あけみ
1961年京都府生まれ。ヘアメイクアップアーティスト。ツヤッときらめく大人メイクの伝道師として活躍。著書に『中野明海　可愛い大人の美容塾』『中野明海　大人の赤ちゃん肌メイク』がある。

中野明海、年齢詐称疑惑発覚？

小泉　明海ちゃん、ようこそ。「50歳」をテーマに対談しているページです。
中野　はい。私、もうすっかり超えてるんですが、大丈夫でしょうか（笑）。
小泉　経験なさった方なら、上限なしです（笑）。50歳になった時は、どうしてたの？
中野　それがねぇ……何の記憶もないんですよ。
小泉　ぜんぜん？
中野　うん。たぶん、仕事してたんだろうけど。だいたい私、25からこの仕事始めたんだけど、年齢、嘘（うそ）ついてたんだよね。「30歳です」って。
小泉　上に言ってたんだ！
中野　そう。ずっと関西で育って、短大を卒業して商社に入ったらぜんぜん合わなくて、2か月で辞めちゃって。そのあと、大阪でレコード会社の手伝いをしていたんだけど……。
小泉　美容師でもなかったんだよね。

中野　うん。その時にダンナさん（映画監督・中野裕之）と知り合って。私、ずーっと東京に出たかったんですよ。でも、親が許してくれなくて。結婚したら出ていいって言われて、中野氏も出たがってたから「一緒に行こうぜ！」みたいな話になって、それで結婚して東京に来たの。お互い、ほぼ無一文でね（笑）。

小泉　フフフ。そうして、メイク学校へ。

中野　ヘアメイクにはずっと前からなりたかったけど、そんな夢を全部封印して生きてきたのね。で、いざ東京に出て何をしようかと思った時に、「そうだ、ヘアメイクになろう！」って。で、ちょうど、中野氏が受けたPVの撮影現場で、大ファンだった（渡辺）サブロオさんと出会って。とにかく好きで好きでってお話ししたら、「学校を作ったから、来なさいよ」と言われて……。

小泉　それで、いきなりやり始めたんだ。

中野　そう。25歳くらいだったけど、子どもっぽく見られてたので、「実は、もうすぐ30なんですよ」とか言って。知り合いの編集者が声をかけてくれたし、今日子ちゃんとも、その頃には顔見知りで。

小泉　そうだよね。初めて会った時は、まだ学校に行ってる頃じゃなかったっけ。お互い、小暮夫妻（写真家・小暮徹、イラストレーター・こぐれひでこ）の家に出入りしていて……。

中野　うん。今日子ちゃんがいたら、誰もが「わぁ、キョンキョンだ」って思うじゃない？　でも「こんにちはぁ」って、すごくふつうな感じで。今日子ちゃんのまわりには、何か不思議な空間があったんだよね。そこで皆、仲良くいられた。

小泉　あの頃、私は20代の半ばだから、明海ちゃんは30歳ちょっとか。同じくらいの年頃の人たちで、よく集まってたよね。それぞれ違うタイプのクリエーターで、エド（ツワキ）君みたいな絵描きもいれば、スチャダラ（パー）君たちとかフリッパーズ（・ギター）とか、ミュージシャンもいて。で、皆で誰かのライブを観に行ったり……。

中野　何十人で旅行に行ってみたり、鍋やってみたり。携帯もメールもなかったのに、どうやって集まれたんだろうね（笑）。でも、あの頃って、未来がすっごく明るくなかった？

小泉　うん。ミレニアム前だったし、私たちの世代って、未来志向を植えつけられて育ったじゃん。「21世紀ってすげぇんだ！」って。そういうエネルギーに包まれてたのかもしれない。

中野　一方で、ノストラダムスの大予言とか、ミレニアム問題でドキドキしたりもしたけど。

小泉　結局、大丈夫だったし。そんな時期を過ぎたから、きっと皆、解散したんだよ。「もういいや、未来になったし」って。

中野　そうだね。夢から覚めちゃったんだ。

「三つ子の魂」は、現実にも負けない

小泉　でも実際は、そこからが本当の現実だったんだよね。30代、40代は大変だったでしょ。仕事は忙しいし、夫と、息子ふたりの子育てがあって。

中野　うん。毎日毎日クルクル働いて、仕事は楽しいからいいんだけど、家に帰るとああ大変！　40の時はまだ出産した直後で、生まれた子は泣いてばかりだし、上の子はまだ言うこと聞かないし、その頃は夫の協力も得られなくて、キャー！って。

小泉　そりゃー、泣くよ。っていうか、もっと泣けよ！　泣いていいんだよ！

中野　アハハ！　でも、そんな時でも、現場で今日子ちゃんに会えると、ホッとしたなぁ。

小泉　本当に好きなんだね、ヘアメイクの仕事。

中野　うん。たぶん天職なんじゃないかと思う。だって小学校の頃、作文で「大きく

なったら何になるか」っていうの、あるじゃない？　あれに私、「お化粧したい」って書いてたんだよ。

小泉　お化粧？

中野　ヘアメイクって言葉がなかったから、そう書いたんだと思う。そうしたら先生が「お化粧もいいけど、他にもっと夢を持ちましょうね」って。

小泉　たぶん、大人ぶりたい、ませたガキだと思われたんだね（笑）。私は「美容師か歌手」だったなぁ。美容師のほうが現実的だから、高校はそういう方面に進もうかと思ったりもした。

中野　へぇー。でもやっぱり、三つ子の魂なのかな。高校の頃から、ミュージシャンになりたい男の子の髪とか、切ってあげてて。ロッド・スチュワートみたいなパイナップルヘアを切れる美容師さん、当時はいなかったんだけど、私は何となく切れたんだよね。やったことないくせに、「こういうふうにやるといいんじゃないかな」って。

小泉　もしかして、誰かの生まれ変わりなの？

中野　フフフ。短大時代も、学校にメイクボックスを持って行って、休憩時間になると友だちにメイクしてあげたりしてたなぁ。

小泉　全部、独学なんだ。

中野　そう。親からはとにかく「目立つな」「ふつうに生きろ」と言われてて。母は公務員で保育士だったから、私にも保育士か薬剤師になれって言ってたけど、何の興味も持てないし、どうしようかなぁと。髪切ったりメイクしてあげたりしてると、目立ちたいわけじゃないけど突出することにはなっちゃうでしょ。「そんなのやめなさいよ」って怒られるんだけど、でも、できちゃうんだからしょうがないじゃん？って。

小泉　だよね。そんなに好きだったのに、すぐにはそこには進もうとしなかったのも、とぼけてて明海ちゃんっぽい（笑）。でもそのあと、会社辞めて結婚して東京に行くって、ちょっと『ドラクエ』的というか、RPG（ロールプレイングゲーム）みたいじゃない？「よっしゃ、アイテム揃ったから東京行くぜ！」みたいな。

中野　そう！　そして次にサブロオさんとの出会いがあったり。で、気がついたらここにたどり着いていてて、サバ読んでたから自分の歳もわからなくなってた（笑）。あ、でも、震災があった2011年って、5年前？

小泉　そう。5年前。

中野　ちょうどその頃、50になって……思い出した！　私、スタイリストの申谷（しんたに）弘美ちゃんと、被災地に支援物資を送ったりしていたの。

小泉　そうだったんだ。

中野　ふたりとも夏に50になるから「どうする？」なんてことも話したりしてたけど、震災のことで頭がいっぱいで、自分が50になるなんてうれしくも悲しくも何ともなかった。あの時は何をしてても、ずーっと胸が苦しかったよ。そこに関しては、今もあまり変わらないけど。

ご褒美の時代を、楽しもう

小泉　そうかぁ……。でも最近、何か、前より楽しそうにしている感じがするよ。
中野　うん。前よりは時間的に余裕ができたからかな。下の子も、何なら「お夕飯、食べておいて」ということもできるようになったし。
小泉　舞台も、観に来てくれたりして。
中野　40代は、ぜんぜん家を空けられなかったからね。最近、今日子ちゃんが読んでる本や出ている作品を、やっと読んだり観たりできるようになってきた。でも、体力は如実になくなってきてるんだけどね。この間、ほぼ徹夜の仕事をやったら、翌日に膝が笑っちゃったよ（笑）。
小泉　2日間寝ないとか、若い頃はザラだったもんね。私は、徹夜が続くと片目だけが眠くなることがあった。片目は覚醒してるんだけどもぅ片方が寝てて、「こっちの目、起きて！」って（笑）。

中野　アハハハ！　もぅ体力は完全に昔とは違ぅよね。だから、昔の物差しでものごとを考えないように気をつけてはいるんだ。

小泉　そうだねぇ。

中野　「昔はこうだったから」とか「私はこういう人間だから」とか、最近、ほんとなくなった。たとえば、誰かがホノルルマラソンに出るって言えば、いいな、そんな体力ほしいなって思ったりしたけど、その人と私は別の人間だから。素敵だとは思っても、うらやましいとは思わないな。

小泉　身体が少しキツいとか、そういうのも味わっちゃうよね。「人間らしいな」って。心の成熟と身体が、うまく合ってきた感じ。

中野　そう。これ以上突っ走らないほうがいいんだっていうブレーキにもなってる。もし今も元気いっぱいだったら、あの頃やってたハチャメチャなことを今もやってる気がして、恐ろしいもん（笑）。「素敵な人は素敵な人、私は私」って、わりとスッと引けるようになったなぁ。ほら、あるじゃない。「よその家庭がうらやましい」とか。

小泉　素敵じゃん、お宅だって。

中野　アハハ、でも「手がかからないダンナさんでうらやましい」とかさ（笑）。まぁ、そういうのが全部いいやって思えるようになったのが50代。

小泉　それは、ちゃんとやってきたからそう思えるんだよ。自負はあるでしょ？「仕事も家庭も、私、がんばったもん」って。

中野　エヘヘ、まあね。だからますます、日々を大事に。観たいものを観て、行きたいところに行って、感謝を伝えたい人にはちゃんと伝えて……って、ちゃんとしようと思ってる。

小泉　ああ、それ今、ぜんぜんできてない。

中野　若い時は、「もう世界なんか終わっちまえ！」みたいなパンクな気持ちで生きたりもしたけど、今は何でも大事にしましょう、みたいな。それに、逆に今から「50歳です」とか言ってみようかな？　ずっと上に言ってきたから。

小泉　いい！（笑）。きっと、これからご褒美の時代に入るんだよ。子どもが働き始めたりして、ちょっとずつがんばったご褒美が返ってくる。初任給で何か買ってくれたりとか、するかもよ。

中野　うわぁ、そんな……震えるよね。期待はしてないけど（笑）。

小泉　上の子は、もう進路を決めてるんでしょ。

中野　うん。料理をやりたいみたい。

小泉　小さい頃から、何かを食べるといちいち「これは何が入ってる」みたいなことを言ってたって聞いて、きっと明海ちゃんの血を引いてるんだと思った。「お化粧がしたい」って言ったのと同じように、ひとつの才能を与えられる家系。

中野　親が教えたわけでもないのに、不思議だよね。押さえつけても押さえつけても今日子ちゃんは歌を歌っただろうし、私はメイクをしただろうから、そういうものなのかな。でも私、思うよ。もし私が今日子ちゃんより年下で、こんな姉さんがいてくれたら、どんなにか心強いだろうって。今日子ちゃんはこうしてずっと、世の中を照らしていかないといけないのよ。皆の歩く暗い道を。

小泉　そうなのかなぁ……。

中野　ほら、今、さらに暗くなっているから。一緒にお仕事させてもらった最初の頃、今日子ちゃんの連載ページで、森光子さんやジョージア・オキーフになるグラビア（雑誌『宝島』掲載・1992年）っていうのがあったでしょ。

小泉　ああ、特殊メイクでね。20代、私はずっと歳をとることに憧れてたから。

中野　シワのメイクをしながら、すごいなぁと思ったの。この人は何かを見据えてるから、歳をとるのが怖くないんだって。今日子ちゃんが凛（りん）としているのは、いつでも

小泉　今日子だから。年齢を重ねているだけで、むしろいろんなことがあって深みを増してるんだろうと。だから、いろいろあったとしても、その人がその人であれば美しいんだって、私は思うんですよ。

小泉　自分らしさかぁ……とはいえ、メイク的には、何かないんですか？　50代、美しくあるために「これはやらないほうがいい」とか。

中野　そうだよね、ヘアメイクらしいことも言わなきゃね（笑）。まぁ、ファンデを厚塗りしなければいいんじゃないかな。シワもくすみもたるみも、厚塗りでは絶対隠せないし、ますます目立たせちゃう。薄くして、要らないところだけちょっとカバーするので十分。それで、おばあちゃんになったら、今度は逆にしっかりベースメイクをして、真っ赤なリップとか塗ってもかわいい。

小泉　髪、真っ白にしたりしてね。いいね。ファンデーションの色味とかも、年齢とともに変わっていくもんね。昔はピンク系のファンデとホテルの部屋の拡大鏡が何であるのかわからなかったけど、今ならその価値がわかる（笑）。

中野　アハハハ！　大事！

小泉　そして、還暦に向けて何かやりたいことは？　……あ、55歳か。今50歳だから（笑）。

中野　フフフ。今は本気で英会話をやりたい。中学生レベルの文法からもう1回やり直して、いろんな難しい話を英語でちゃんと話せるようになってみたいかなって。人生で唯一やり残したことが、留学じゃないかと思うんだよね。

小泉　いいね。お母さんを卒業して。その時は、マイクじゃなくて、そっと包丁を置いて旅立っていくんだ（笑）。妻でも、ヘアメイクアーティストでもなく、ただの中野明海になりますって。

中野　ウフフ。それには平和でないとね、世界が。

（『ＧＬＯＷ』２０１６年４月号掲載）

〈放談を終えて〉

明海さんとは、最近特に頻繁に会うようになって、もちろんメイクをしてもらったりしているのだけれど、メイクしてもらうと元気が出るの。自信が芽生えるの。技術もさることながら、心に影響があるの。そこがすごいの。だからやっぱり天職なのだと思います。これからもよろしくお願いします。

孤独という修行

放談 6

熊谷真実

くまがい まみ

1960年東京都生まれ。78年にデビューしたのち、舞台、映像と幅広く活躍。2015年こまつ座公演『マンザナ、わが町』におけるオトメ天津の演技で、第50回紀伊國屋演劇賞個人賞を受賞。

目と目でわかり合い、信じ合える

熊谷　声をかけてくれてありがとう！　この間は、一緒に受賞できて本当にうれしかったです（熊谷さんは舞台『マンザナ、わが町』で、小泉さんは同『草枕』で、紀伊國屋演劇賞個人賞と読売演劇大賞優秀女優賞を同時受賞）。

小泉　私も。真実さんとは、出会ったのも舞台だったから。『頭痛肩こり樋口一葉』（２０１３年）から、もう３年ですか。真実さん、おもしろくて、稽古で最初に会った時、私に「子どもの頃から観てました！」って言ったんですよ。真実さんは６歳年上で、私は16でデビューしているから、どう考えても子どもの頃に観ているはずがないのに。

熊谷　アハハ！　そうでした。

小泉　あれ、私のほうが子どもの頃、朝ドラ（１９７９年放送の『マー姉ちゃん』）観てたっつーねん！って（笑）。この人は意地悪なのか天然なのか判断できないから、とりあえず一晩寝かせて、翌日言ったら、「やだー、そんなわけないじゃんね」と。

熊谷　ごめーん。私、話のきっかけを探すのに一所懸命だったんですよ。何とか親しくなろうと……。あなたがデビューした頃、私、離婚して、めっちゃ落ち込んでて。仕事はほとんどしてなくて、家にも帰れず友だちの家を転々としてて、っていう、何もしていない感じで、それと子どもの頃とが、多分リンクしちゃったんだと思う。

小泉　そうか、そうか。

熊谷　そんな時期に見たあなたは一筋の光でした、ってことを言いたかったのに、間違えちゃって……。というわけで、その頃からずっと、今日子ちゃんは私のアイコン。共演は、本当にうれしかった。

小泉　いえいえ。女ばかりの芝居で、旅も多くて、楽しかったですよね。

熊谷　本当に。共演してて、今日子ちゃんは、いつもちゃんと自分の視点がある人なんだと思いました。いい意味で動かないっていうか……本人はいつも「出不精だ」って言うんだけど。

小泉　フフフ。

熊谷　私は、ブレブレなんですよ。芝居じゃなくて、生き方自体が。だけど今日子ちゃんは体幹がしっかりしていて、ますます憧れたなぁ。それと、「この人は信じられる」って思った。たとえば、舞台の上で私と向かい合ってて、今日子ちゃんの顔がお客さんに見えていない時でも、この人は、絶対に適当なお芝居をしないんです。

小泉　ああ……。ほら、舞台って、毎日毎日同じことをやるじゃないですか。だから、体力温存のために型どおりにやることもあったりするのかもしれないけど、私は不器用なので、それができなくて。いつでも本気で、その気持ちになっていないと、芝居の中にいられないんです。特にあの作品は、女の人たちの辛い気持ちを演じるお芝居だったわけだから、どうしても。

熊谷　そうだよね。ある場面で、今日子ちゃんが私に、憐（あわ）れみとも慈しみともいえるような、言うに言えない表情を向けてくれるんだけど、思い出すと今でもぐっとくる。そのくらい、心を動かされたんです。「ああ、この人は信じられる人だ」って。

小泉　舞台だと、役者同士は目と目を見てわかり合えるんですよね。だから、若い子たちが共演して恋に落ちちゃうのも、すごくわかる。

熊谷　わかるー。ぶつけるんだもんね、全部を。

小泉　フィクションなんだけど、心はノンフィクションで……まあ、すぐ終わるんだろうけど（笑）。

熊谷　ハハハ。公演が終わってから気がついたのは、いつの間にか、私の心の中に「今日子の部屋」みたいなものができてたんですね。その扉をどういう時に開けるのかというと、しーんと寂しい時。

小泉　へぇー。
熊谷　うん。ひとりでいたりとか、人生をちょっと儚む時とか……たまにはあるんですよ、この私にも（笑）。何か、心の井戸の中に石をポーンと投げて、それを俯瞰でじっと見つめるような気持ちになった時に、「ああ、今日子ちゃんに会いたいなぁ」と思うんです。そういう時は今日子ちゃんのCDを聴いたりして、その部屋でたわむれる（笑）。何というか、人には実はちょっと孤独で誰かを想いたくなる、それぞれにそういう時間があるんだっていうことを、今日子ちゃんならわかってくれるんじゃないかと思うんです。
小泉　うれしいなぁ。真実さんとは時どきご飯を食べたり、映画を観たりしてデートしているんだけど、私、あんまりそういうことしないんです。だって、面倒くさいから（笑）。じゃあなぜ真実さんとはいられるかっていうと、真実さんには嘘がないんですよ。心が綺麗で、他の人に話したら「綺麗事を」って言われそうなことでも、同じ気持ちで話せるし、それでいいんだと思わせてくれる。そういう人って、なかなかいないので。
熊谷　キャー、どうしよう。
小泉　だから、私の中にもやっぱり「真実さんの部屋」があるのかも、ですね。

女には、孤独という修行が必要だ

熊谷　50になった時、私はものすごーく、うれしかったです。「やっと半分まで来た！」って。

小泉　半分？

熊谷　100の半分。いや、100歳まで生きるかどうかはわからないんだけど（笑）。それまで私、ずっと自己評価が低くて。ぜんぜん自分に自信がなかったんだけど、そんな私でもここまで来た！っていう気持ちになりましたね。まぁ、今でも相変わらず、自信はないんですが。

小泉　でも、だいぶ明るいですよ（笑）。真実さん、結婚もされたし。何歳の時でしたっけ。

熊谷　えーと、52かな？　やっと4年めか。

小泉　18歳年下の、すごく素敵な旦那さま（書家の中澤希水（きすい））。真実さんが習いに行っていた、書道教室の先生だったんでしょう？

熊谷　そう。でも、まさか一緒になるとは思いませんでしたけどね。字が汚いのがずっとコンプレックスで、47歳から1年間、通ってたんですけど、どうも筆を持ってじっとしていられなくて。

小泉　真実さんらしいなぁ。

熊谷　ある日、生徒が私ひとりだけの時があって、教室で彼とふたりきりになったのね。私、沈黙に耐えられなくて、ああもう無理！と思って「先生、今日は話しませんか!?」って言ったことがあったなぁ。その頃、私、ちょっと修行中みたいな時期で、男の人と一緒にいるのは久しぶりで、ましてやちょっと素敵だなぁと思っていた人だったので、鼻血かなんか出したらカッコ悪いと（笑）。

小泉　そうそう、修行してたんですよね。

熊谷　うん。40になった頃、私の人生、男の人でダメになってると思って「よし、男性と接触するのはやめよう！」って。それが、10年くらい続いたんです。結局、30代までの恋愛がしんどかったんでしょうね。それから5年くらいは、ひとりでいる時間が楽しかったんだけど、45くらいから……。

小泉　「これで終わっていいのかな」って？

熊谷　うん。まず、寂しくなる時間がわかったんですよ。だいたい、毎日夜中の11時から1時。この2時間を乗り切れば、誰かに変な電話をかけたりしないで一日を終えられる！

小泉　アハハ！　真実さんは飲まないからいいけど、私はお酒が入ったら、電話しちゃうかも。

熊谷　とにかく悶々（もんもん）として、時計とにらめっこですよ。「かけようかな」「いや、やめとこう」「そうだ、映画でも観ちゃえばいいんだ」とか、四苦八苦。がんばれば、必ず朝が来るんだ！って。

小泉　誰かといるのが習慣として身についていると、そこから抜けるのには、やっぱり修行が必要ですよね。でも、ピークを過ぎれば、ひとりの時間を持て余さないようにはなってくる。本当に必要なものは何かが見えてくるというか……。

熊谷　そうだね。いやー、長かったよ。50になった時は友だちもいなくて、現場で仲良くなった小道具さんとヘアメイクさんが家にケーキを持ってきてくれて、ありがたかったなぁ（笑）。それで、「このままこの日々が続くのか？」と考えたら、いくら何でもそろそろいいんじゃないかと思って、それで、尼さん生活にピリオドを打ったんです。人生、そろそろ変えようって。

小泉　どうやって変えたんですか。

熊谷　まず、昔のボーイフレンドたちに電話してみました。そうしたら、意外と皆、つれなかったんですよ。「あ、お久しぶりです」みたいな。

小泉　「今日はなんのご用件で」って？（笑）。修行の山から下りてきたら、世の中が変わってた。

熊谷　そのとおり！　こうなったら自分で開拓するしかないと思って、意識的に外に出て人に会うようになったんだけど、ある人に、「会うべき人にはもう出会ってるよ」とも言われて。

小泉　へぇー。

熊谷　それで、まわりを見回してみたら、彼が……。そこから先の展開は、本当にびっくりですよ。年下だし、先生だし、恋愛対象には入ってなかったので。でも、18も若いと思っても、一緒にいれば忘れちゃうし、それを気にしてたら前に進めないじゃない？　こっちはもう守るものがないから、デートして3回めで、「実は前から好きだったんですけど！」って、自分から言いました。そうしたら、ひと月後に「結婚を前提につきあってください」と彼から言われたんです。女優さん相手に、ただつきあうというのは申し訳ないからと。で、まじめな人だなぁと思ったから、「だったらもう、前提じゃなくて結婚しましょうよ！」って（笑）。

小泉　すごい！　でも、大人になってから結婚するよさって、そういうことですよね。

自分で仕事や、生活する力を持ってるから、「守って」じゃなくて、「一緒にいたいから」だけでいい。

熊谷　うん。それに、たいていの女性は50になるくらいまでにいろんなものを背負ってるんだろうけど、私なんか一度全部捨てちゃって、背中のリュック、空だったから（笑）。

小泉　そうか……私も葉山に行く時、いったん全部捨てたのかなぁ。家具も何もかも。家庭のある人はまた別だと思うけど、そういうことをやると、意外と、活路を見いだせるのかもしれないですね。

熊谷　そうだね。1回ゼロになってみれば……。それと、自分にしがみつかないことでしょうかね。20代、30代の自分を追っちゃうことが、私は40代まではあったけど、今はぜんぜん未練がない。どの年代にも、もう戻りたいとは思わないなぁ。

楽しいことを、プラスしていくだけ

小泉　それで、相手の求め方も変わってくるんでしょうね。若い時は、恋愛の先に結婚なり、家庭を持つなりがあったけど、歳をとって子どもを産まないこととかが決まってきたら、何を基準に人と一緒にいるかという……。ひとりの時間をきちんと経験すれば、あとはそれに、楽しいことをプラスしていくだけですもんね。「11時から1時までの時間を埋めて！」とかじゃなくて。

熊谷　そう。そこはもうクリアしてる。寂しいから肩寄せ合うっていうのは、若さゆえの特権で。

小泉　そうだ、いい歳した大人がやっちゃいかん！　フフフ。おいしいものを一緒に食べるとか、テレビを観て一緒に笑うとか、ひとりでもできるけど、ふたりのほうが楽しいことが増えるっていうふうに考えたほうがいいんですよね、きっと。

熊谷　うん。結婚してから、私は仕事に精が出せるようになったかな。前は、恋愛してると「彼氏が気になって台本読めない！」みたいなことがあったんだけど、そういうことはなくなった。

小泉　そりゃー、修行が必要でしたね（笑）。

熊谷　アハハ！　仕事のことを考える時はひとりになれるし、今は、人といること自体が楽しくて仕方ない。目標と聞かれれば、長く仕事をしていきたいっていうことだけで、あとは、50を過ぎてから、食べ物で身体ができてるってことを実感したので、ローフードの勉強をして、資格を取って。自分が元気になったり、前向きになれたってことを、伝えていけたらとは思いますね。

小泉　勉強熱心なんですよね、真実さんは。

熊谷　演じることは高校演劇の頃からの延長みたいなものだから、いつも「私の本業って？」って考えてるところがある。今でも4月になると、どこかの学校に入りたい気分になっちゃうんです。でもねぇ、結婚したことで、何か新しい修行が始まったって感じもしてるんですよ。辛いってことじゃなくてね。一緒に暮らしていくには、自分が思っていること、考えていることをちゃんと相手に伝えなきゃいけない。何というか、馴れ合いっていうところで、人と暮らしたくないというか……。「家族になるんじゃないんだよ」っていうのは、いつでも彼には伝えたいと思ってて。

小泉　ああ……。はっきり言うと「私はあなたのお母さんじゃないんだよ」ってことですよね。私も少々身に覚えがございます（笑）。年齢差とかじゃなくて、年上の男の人でもきっと同じ。男と女が一緒にいる時には、常に起こることで。

熊谷　そうだねー。人って、グサッとくることを言われると「チッ」って思うじゃないですか。こっちは人生経験豊富だから、つい的を射たことを言っちゃうわけですよ。で、彼がカチンときてるのを見て「いやいや、腹立ててないで、ちゃんと話、聞こ？」というのをいちいちやっていくのが……。でもそれは、マネージャーとでも誰とでも、同じことなんだよね。人と生きていく上では。

小泉　本当に。真実姉さんに比べて修行の時間も短いので、まだまだなんだけど、私もやっと「寂しさ問題」からは解放されたかもしれません。逆に、それから強くなりすぎて、今、ちょっとおじさんみたいになっている部分を、もう1回、女方向に修正していかないとなぁって。

熊谷　フフフ。でも、きっといいことばっかりですよ、この先。

小泉　そうですね。修行の先のご褒美、ちょっと期待してもいい……のかな？

（『GLOW』2016年5月号掲載）

〈放談を終えて〉

真実さんは少女のように無垢(むく)な人だから、一緒にいると私も少女になれる。原っぱで冒険をしたり、秘密基地を作ったり、お花で首飾りを作ったり。初めて口紅つけた日、初めて恋をした日、初めて失恋して泣いた日。誰もが経験する少女の時間を、ずっと一緒に過ごしたのではないかと錯覚する。100歳まで生きるつもりの真実さん、おばあちゃんになっても遊んでね。

引き受けたら、見えてくる

放談 7

樹木希林

きき きりん

1943年東京都生まれ。1961年に文学座付属演劇研究所に入り、女優活動をスタートする。2013年『わが母の記』で日本アカデミー賞最優秀主演女優賞ほか、数々の賞に輝く。08年、紫綬褒章を受章。

私の後？　誰もついてこないわよ

小泉　樹木さんが名画の中のオフィーリアになられた広告（宝島社企業広告・2016年）、拝見しました。すごいインパクトでした！

樹木　新聞の見開きで見ると、仰天するわよね。あれ、私、顔だけ撮影してすげ替えるんだと思ってたの。でも、よくよく尋ねたら「水に入っていただきます」って。もう、笑っちゃったわよ。

小泉　フフフ。

樹木　そういえば、小泉さんとはちゃんと共演をしたことがないのよね。最初に会ったのは、あなたと小林聡美さんが姉妹の役をやってた……。

小泉　『女の一生　キクの場合』（1985年放送）ですね。隠れキリシタンの話。

樹木　そう。覚えているのは、あなたたちが、絵に描いたような富士額のカツラをかぶせられてたこと。ほら、少女から大人になりかけの時って、生え際に魅力があるじゃない？　なのに、パカッとカツラを乗せられて、ふたりとも文句も言えなくて。

小泉　17歳だったんですよねぇ、まだ。

樹木　それから大人になられて、いい仕事をたくさんなさっているのを見てきたけど、なかなか機会がなくて。残念だったわね。

小泉　私は小さい頃から、久世（光彦）さんのドラマで、ずっと樹木さんを見てきましたから。『寺内貫太郎一家』（74、75年放送）でおばあちゃんの役をなさった時は、まだ20代だったんですよね？

樹木　29歳。あの頃、私、もう仕事にうんざりしちゃってて、それで何か、いちばんラクな仕事をしようと思ったの。そうだ、ばーさんなら縁側に寝っ転がっていればいいかと。脚本の向田（邦子）さんもわりといい加減で、「いいわよそれで」って言うから、あんな格好で出たんだけど、お嫁さん役の、私より22も年上の加藤治子さんが、「私、こんな汚い人のお嫁さん役、嫌だわ」って。

小泉　アハハ。やらせる久世さんたちもすごいけど、できてしまう樹木さんもすごいです。

樹木　今見ると、つるんつるんの、ばかに若い顔よね。格好は一応ばーさんらしくしてるんだけど、中身は私のまま。たとえば久世さんが「好きなアイドルのことを話して」って言うじゃない？　ふつう、あのばーさんの年齢だったら市川雷蔵とかになるんだけど、私だったら当然、当時トップだったジュリー（沢田研二）でしょ。だから、ジュリーのいちばんいやらしいポスターを借りてきて、部屋に飾って「ジュリー〜！」って。

小泉　それが、子ども心にはすごくおもしろかったんですよね。何か、自由さを見せられたというか。樹木さんを見て「こういう女優さんも、ありなんだ」って、目指した人、いっぱいいると思います。

樹木　それはどうかしらねぇ？　「ああはなりたくない」っていうほうが多いわよ、きっと。

小泉　そんな（笑）。皆、なりたくてもなれないんですよ。何かが足りなくて。

樹木　まあ、私の立場って、すごくラクなんだけどね。性別も年齢の枠もなく、いちばんの穴場。すごくいい位置だなぁと自分では思ってるんだけど、ぜんぜん誰もあとからついてこないから、やっぱり誰もなりたくないのよ（笑）。そういえば、あの企業広告に〈死ぬときぐらい好きにさせてよ〉って文言が書かれているんだけど、あれ、実は変なのよ。だって私、ずーっと好きにやってきたんだから。

小泉　本当に。唯一無二です。

その人の「覚悟」は、佇(たたず)まいに表れる

樹木　私が50歳になった頃は……うーん、子ども（内田也哉子）はもう外国に行っていたから、わりかしラクな状態でしたね。仕事のほうも。

小泉　マイペースだったんですね。

樹木　ずーっとマイペースよ（笑）。だから、ふつうは50や60の節目でいろんなことを考えるんだろうけど、私はちょっと記憶にない。でも50代って、本当はすごくいい時期なのよね。脂が乗ってて。

小泉　プロダクションの社長をなさっていた時期も、あったんですよね。私も、やり始めたばかりなんですけど……。

樹木　そうですってね。そういうのを聞いても、小泉さんっておもしろいと思う。どこへ行っても、誰とやってもスタンスが変わらないというところが、何か、覚悟が決まっている感じがして。

小泉　そうでしょうか？

樹木　うん。それいちばん表れるのは、人を見て態度を変えないかどうかなの。浮き沈みの激しいこの芸能界で、人の立場とか人の状況で自分の損得を考えないというこ

とって、実は大事なこと。それはたぶん、資質なのよね。あなたはきっと、小さい頃から覚悟が決まっていた人。そういう感じは、不思議と表れるのよ。佇まいになって。

小泉　親や周囲の大人たちから、そういうふうに育てられたんだろうなと思いますね。だって私、仕事をしようと思って芸能界に入ったんですから。中学校の時に一家離散して、私にも何かできないかと思って、オーディションを受けて。「これで迷惑かけないで済む！」って気持ち、思えばそれが、最初の覚悟だったのかもしれません。

樹木　そうね。夢や憧れでこの世界に入るのも、それはそれで幸せなことだと思うけど、持続するかどうかはわからない。やっぱり、浮き上がる前から自分の中に、ちょっと過酷な覚悟みたいなものがある人には、魅力があるのよ。そして、そういう人って、なぜか過剰な上昇志向を持っていなくて、逆に独特のゆとりみたいなものがあるの。

小泉　寝っ転がっていられるなら、ずっと寝っ転がっていたいタイプの人間では、ありますねぇ。

樹木　でしょう？　上昇志向があったら、もっと早くに家を買ったりしてるわよ（笑）。そういう部分がないのが、あなたのいいところ。

小泉　フフフ。最初にご一緒した時、樹木さん、カッコイイ車に乗っていらしたでしょう？

樹木　そうよ。シトロエンの2CV。

小泉　そこにも憧れたんです。皆が皆、ベンツだ何だに乗ってる時に、シトロエンを選ぶセンス。私も、そういうセンスの人になりたいって。

樹木　へぇー。そうねぇ、これは70を過ぎてからつくづくわかったんだけど、私って、芸能界が好きなのよね、基本的に。だって、この世界って、やっぱりおもしろいのよ。嫌な部分を含めても、おもしろい人たちが綺羅星のごとくいて。

小泉　それは、確かに。

樹木　対して、芸事はぜんぜん好きじゃない。もともと行き場所がなくて、仕方なく劇団の試験を受けたようなものだったし、いろんな人の思惑が現場に渦巻いているのも、ずっと嫌だったから、いつも足を洗いたい、いつやめてもいいと思ってたんだけど、70も過ぎてばーさんに何言ってもしょうがないという状況になった時、あらためて「なかなかおもしろい世界にいるんじゃないか?」って。何だ、実は私がいちばん合ってたんじゃん!とね。でも、50の時からそう思ってたら、たぶん私、もっと嫌なやつになっていたと思う。

小泉　うーん。

樹木　それから、60歳になってがんという病を持ったことで、世間の見方が変わったことね。「この人、どうせ死ぬんだから」という思われ方が、分銅の釣り合いとして、ちょうどいいわけ。
小泉 分銅、ですか？
樹木 うん。負の部分と、それを凌駕（りょうが）するだけの偉そうな部分が、ちょうどいいバランスになっていて……。それともうひとり、あのおじいさんがいる、っていうことがね。

元気で、皆の希望をかなえ続けてね

小泉 もしかしてそれは、（内田）裕也さんのことですか（笑）。
樹木 そうよ！ あの人が問題を起こせば起こすほど、私の株が上がるのよ。
小泉 アハハハ！
樹木 「最近、俺の周囲が皆、お前の味方なんだ。なぜだ？」って言ってたわね（笑）。それにあの人、俺はお前ら幸せな家族の重石なんだって、威張ってるの。おかしいでしょ？ お金のこと、女のこと、一事が万事「ロックンロール！」で、社会的な日常生活のことは一切わかんない。でも、俺はちゃんと役割を果たしてるんだと。もちろん、この関係を切るということもできたのかもしれないけど、やっぱりそこは、出会っちゃったわけだから……。それを引き受けることで見えてくることが、きっと私にもあったんだわね。

小泉　すごいです。ええ。

樹木　まあ、ここまで究極的なことはなくても、皆、50なら50まで生きてきた中に、理不尽なことはたくさんあるはずよね。ただ、それをちょっと俯瞰で見てみると、自分だけが不幸せだということはないわけで、誰の人生にも必ずマイナスの部分がある。だけどそれは、ひっくり返せばプラスになるもの。つまりはそれを、自分の成長、成熟のための材料にどう使うか……。幸福も不幸も、全部が表裏一体だということをわかっちゃえば、これはもう、おもしろいのよ。

小泉　そうか……そうなのか。

樹木　今ある状況から、人は絶対に変化できる。それをおもしろがるというところに、到達しなくちゃ。たとえば結婚なら、どの夫婦だって、最初はいいと思って結婚するわけでしょ？　結婚しないという選択肢もあるけれど、どうにもならないあのしがらみを経験することは、成熟のためのいい材料になるんですよ。小泉さんもされたように。

小泉　はい。私は離婚しましたけど、結婚していちばんよかったことが、離婚したことじゃないかと思っているんです。自分の成長というか、その、人生の片方の重石になったんじゃないかと。

樹木　結婚よりも離婚は、うんと重たいしね。

小泉　重かったですね。でも、40代になる前にそれを経験したことが、その後、ひとりで仕事をして生きていこうとした時、すごくよかった気がして。生きやすくなったという感じもありました。完全でないという、人からの見られ方も含めて。

樹木　いろんな面倒くささをくぐり抜けることになるから、糧になるわよね。だけどあなたは、決して鈍感な人じゃないから。ほら、鈍感な人って、何度も結婚して、何度も離婚するじゃない？

小泉　フフフ。

樹木　ああいうのは、まったく意味がないと思う。「次はあっち」じゃなくて、別れたことをきちんと引き受けなくちゃ。そして、これからあなたは素敵な50代を歩むだろうけど、それを生きた結果が60代に出て、そこから先は、健康が最大の課題になるゾーンに入っていくからね……。あなた、今でもお酒をよく飲むんでしょ？

小泉　はい。お芝居が終わったらパーッと！みたいなのは、習慣としてありますね。

樹木　たぶん、お酒が身体に合ってるのね。私もそうだった。でも、そろそろよ。50代から身体が変わってきているはずだったのに、私はつい「まだまだいけるだろう」

と思って、気づくのがちょっと遅れたの。あなたには身体を大事にして、長くいい仕事をしてもらいたい。今のポジションには、誰でもいられるわけじゃないし、皆から望まれているということの裏側には、あなたの生き方に対する希望のようなものがあって、それはある種、担っていくべき責任なんじゃないかと思うから。世代の代表として、おもしろい生き方をするという。

小泉 肝に銘じます。でも、樹木さんも……。

樹木 私はもう、ばーさんだから。まぁ、ちょっと類を見ないじーさんを抱えてるけれども。

小泉 こういうおもしろい先輩たちを見て育ちましたからね（笑）。樹木さんの発言には、いつもスカッとさせられます。いつでも、ひとりの大人としていらっしゃるじゃないですか。ご意見番でなく。

樹木 そういう役目は絶対に引き受けないの。もう、世間もメディアも依存症なのよ。私みたいな、いつどうなるかわからない人間に、おんぶに抱っこしないで！って。でも、時どきわけもわからないまま返事をしてしまって、水の中に入れられちゃったりもするんだけどね（笑）。

小泉 この、ユーモアのセンス！

樹木　おもしろがるってことを、意識していないとね。それと、私から小泉さんにお願いしたいのは……たぶん50歳くらいから、女性も男性も、性生活というものが、あらためてすごく重要な意味を持ってくるような気がするのね。だから、うまく言えないんだけど、男であり女である者として、時どきでいいから、自然なかたちで接触する機会を持つということを避けてほしくないな、と。

小泉　ええ。

樹木　直接的な行為が云々ではなくて、たとえば、傍に座って一緒にテレビを観るようなことでもいいのかもしれない。ヨガにそういう考え方があるんだけど、男女が触れ合うことで気というものが流れていって、それによってホルモンの関わる病気になりにくいような……これは、自分が病気をして思ったことなんだけど。こういうことって、誰もあんまり言わないじゃない？　でも、ロボットじゃないからね、人間は。愛情を交わす機会を持って、お互いに、身体を大切にしてほしいです。特に日本人は、そういうことが得意でないから。

小泉　そうですよね……。私も、50になった時、なぜかふと「女の人として生きたいな」と思ったんです。40代は、そういうことはちょっと脇に置いて、仕事をがんばるのがカッコイイと思ってきたけど、もう少し、女性らしさを取り戻していけたらって。

樹木　そう。きっと、予感しているのね。本当は、相手は夫がいちばんいいんだけどね。面倒くさくて、私もやめちゃったけど（笑）。

小泉　いい人、いますかねぇ。

樹木　あら、50を過ぎて、女にくたびれちゃってる男の人って、けっこういるのよ？　その中から、感性の合う人を見つけたらいいじゃない。大丈夫、これだけ男がいるんだから！　楽しみだわね。

小泉　がんばります、はい。

（『GLOW』2016年6月号掲載）

〈放談を終えて〉

厳しさとユーモア、そして宇宙をぐるっと一回りしたような深い思慮と優しさ。お話ししている間、何度も胸に込み上げてくるものがありました。本当にカッコイイ！　こんな大人が増えたら日本はもっとよい国になると思う。樹木さんに少しでも近づけるように、日々、精進したいと心から思いました。

別の世界とつながろう

放談 8

浅田美代子

あさだ みよこ
1956年東京都生まれ。73年、ドラマ『時間ですよ』と劇中歌「赤い風船」でデビュー。近年は動物保護のボランティアにも勤しむ。「いのちの教室」の詳細はFreePets（http://freepets.jp）で。

実録「アイドルはつらかったよ」

浅田　キョンちゃんも、ついに50歳ですか。

小泉　はい、ついに。

浅田　ちょうど10歳違いなんだね。チッ（笑）。私は今年、60になりました。

小泉　そうでしたか！　お祝い、されましたか？

浅田　うん。（樹木）希林さんが誘ってくれたので、ふたりで温泉へ行ったよ。ところで、会うのは久しぶりだよね。私たち、意外と〝夜友〟で。

小泉　よく行くお店で会うと「わ〜キョンちゃ〜ん」「わ〜美代子さ〜ん」って。酔っ払いの後輩を受け入れてくださる、数少ない先輩です（笑）。逆に、お仕事はご一緒したことがなくて。

浅田　そうだよね。お互い、久世（光彦）さんのドラマに出てたりしたんだけど……。

小泉　でも私、初めてお会いした時のこと、覚えてますよ。まだ10代の頃だったかな。デザイナーさんのお宅に衣装のフィッティングに行ったら、美代子さんが遊びにいらしてて、チェックの素敵なスカートをはいて、窓の外を眺めてた。

浅田　へえー。ぜんぜん知らなかった。

小泉　私が勝手に「わあっ」って思ったんです。すごく素敵だったから。

浅田　ちょうど結婚して、仕事をやめていた時期かなぁ。私、結婚早かったんだよ。

小泉　おいくつでしたっけ？

浅田　21。

小泉　わっかーい……。

浅田　フフフ。あの頃は仕事、やめたくてやめたくて（笑）。アイドルでデビューしたのが高校2年くらいで、まわりが大人ばっかりだったから、大人ぶりたい年齢だったのに、なんだか子ども返りさせられたような気がしていたのね、ずっと。

小泉　ですよねぇ。

浅田　あと、枠にはめられるのが嫌だったな。雑誌でプロフィールとか、勝手に作られたりして。

小泉　ありました！「好きな食べ物」とかね。かわいいものじゃないといけない、という。

浅田　そう。「趣味はクッキー作りです」って（笑）。自分から自分が離れていきそうで。

小泉　私の最初のプロフィールでは、たしか好きな食べ物はプリンでした（笑）。でも、私たちの時代から何となく、アイドルも本音を言っていいんだぞ的なムードができてきて……。

浅田　それはあなたが作ったんだよ！　大人の言うこと聞かないで、髪形変えたりしてたじゃない。

小泉　アハハ！　そうでした。

浅田　でも、それがよかったんだよね。かわいいだけじゃなくて「私は違うんだ」って主張して。あれから流れが変わったんですよ。キョンちゃんは、その道筋をつけた人。

小泉　はい。プリンから納豆への（笑）。

命あるものが、教えてくれたこと

浅田　ボーイフレンドなんて、とんでもない！って時代だったもんね。

小泉　でしたねぇ。

浅田　当時、恋愛してた子は本気で変装してて、「そんなにしてまでやる？」と思ったけど。

小泉　今のアイドルは、両極ですよね。恋愛禁止の子たちと、「してますけど何か？」って子と……。あ、その辺も私、またいでるかもしれない。

浅田　まったくぅ（笑）。ドラマを撮ってる時は、希林さんとかがいて、皆が家族みたいで楽しかったけど、歌番組は意外と怖くて。

小泉　そう。同じような年の子がいても、誰ともしゃべらないんですよね。

浅田　だからもう、そういう中にいた時に、「ご飯食べに行かない？」とか、自然に接してくれたことが、新鮮だったんだよ……。

小泉　あ、音楽業界の方のことですね（笑）。自由に見えるんですよね、ミュージシャンって。

浅田　そう。そこに「おっ」と思って、結婚しちゃったのが、失敗だった。

小泉　いやいやいやいや（笑）。

浅田　まあ、素直に結婚してみようと。女優は続けてもいいかなと思ってたんだけど、相手は家にいてほしい人だったから、よっしゃ！と思ってやめた。それまで自由に行動できなかったから、八百屋さんに行ったりできて、楽しかったなぁ。

小泉　そうか。私は逆で、やめるって言ったら相手が「やめないほうがいい。きっと後悔する」って。「そ、そうなの？」と思わず続けちゃったのが、私の失敗かも（笑）。

浅田　よかったんだよ！　だって今、女優さんとして素晴らしいもの。『センセイの鞄』（2003年放送）とか、私、大好きだったなぁ。あと、『グーグーだって猫である』（08年公開）も。

小泉　ありがとうございます。美代子さん、今、動物保護のボランティアをなさってますよね。

浅田　うん。イベントをやったり、レスキューに参加したりしてますね。

小泉　きっかけは何だったんですか？

浅田　もともと犬を2匹、飼ってたのね。それで、うちの母が亡くなった時、その犬たちがすごく支えになってくれたんですよ。母とは一緒に暮らしていたから、やっぱり落ち込んで、引きこもりみたいになってどこにも出かけたくなかった。でも、犬の散歩はさせなくちゃいけないし、ご飯はあげなきゃいけないじゃない？　自分が面倒を見なくちゃいけないものがそばにいてくれたおかげで、少しずつ回復していけたというか。

小泉　寄り添っていてくれたんですね。

浅田　飼っていたうちの1匹が死んでしまって。その頃、保護犬という存在を知り始めていて、活動についてはよく知らなかったんだけど、とりあえず1匹引き取ろうと思って、というのが入り口。本格的に活動を始めたのは、50代に入ってからです。保護団体の人と知り合って、いろんな活動をしながら、「まずは自分にできることを」って次々引き取ったら、犬が5匹に増えちゃった（笑）。

小泉　フフフ。

浅田　動物愛護って、ちょっとヒステリックな印象があるじゃない？　わかるけど、何となく参加しづらい……という。私は、そんなイメージをなくしたいんですよ。世の中の人がふつうに保護犬や保護猫について話せるようになってほしくて。

小泉　本当に。せめて、ペットを飼ったら捨てないでほしいですよね。

浅田　老犬を、飼い主が保護センターに持ち込む例もあるんですよ。「死ぬのを見たくない」って。

小泉　えーっ！

浅田　病気になって病院代がかかるとか、介護が大変だからとか……。飼い主に見放されて、3日くらいでセンターで死んじゃった子がいたんだけど、たぶん、捨てられたのがわかったんだと思う。

小泉　かわいそうに……。

浅田　ね。そんなの、絶対にいけないと思う。

小泉　私はひとりで暮らし始めてから9年間、猫を飼ってたんですけど、飼ってたというより、その猫に育てられたような気がしてるんです。「ニャンコ先生！」っていう感じで。今思うと、ひとり暮らしの寂しさみたいなものを埋めようとしていた自分は、本当に子どもだったなぁと思うんですけど、猫が「ほら、孤独はこうやって受け入れればいいのよ」って、教えてくれた感じがして。動物って、もともとひとりで生きるじゃないですか。

浅田　うん、うん。

小泉　そういうことをちゃんと知っているから、厳しくていいなって。美代子さんの犬たちも、お母さんが亡くなられたあとの美代子さんに、秩序を作ってくれたんですよね。朝起きて、昼を食べて、一日何度かは外に出てね！って。

浅田　そうだね。最初は気が進まなくても、出かけようって気持ちになれて……。そのうち、空気の変化なんかがわかるようになったんだよね。「あ、花が咲いたな」「春が来たなぁ」って。

小泉　たぶん、気持ちを埋めてもらうために飼ってる人が、捨てちゃうんでしょうね。そうじゃなくて「一緒に暮らすんだ」というつもりでいると、すごく教わることがある。自分のことも、人間として保てるようになるんじゃないかと思うんです。

やりたいことは、いつからだって

浅田　活動を始めてからは、仕事とは別の世界とつながりができたのもよかったかな。ほら、新しい友だちって、けっこう作りにくいじゃん。50代にもなると。

小泉　ですよね。なかなか。

浅田　今、ボランティアで「いのちの教室」という、小学校低学年の子どもたちへの啓発活動をしているんだけど、皆で遠足みたいに出かけていくのね。趣味でもいいんだけど、普段の自分と別な世界をもうひとつ持つことで、すごくラクになれる部分もあると思う。私はたまたま動物方面だったけど、それはたぶん、こう見えて人見知りだから（笑）。動物のほうが接しやすいんだと思う。

小泉　フフフ。

浅田　50代に入ってからというのも、思えばタイミングだったと思うんだよね。私、50になったの、すごく嫌だったの。40になる時よりもずっと。

小泉　そうだったんですか。

浅田　30代は、仕事をしていてもできれば綺麗に見えたかったし、40代になって、役に応じて年齢相応な格好も大事だなと思うようになったけど、いざ50歳になってみると、まだ揺れる部分があるじゃない？　ほら、「女としてどう生きるか」みたいな。

小泉　はい。役も、難しいですよね。ある程度歳をとった人の役なのに、見た目が妙に若々しかったりすると「なんか変じゃない？」と思うし。

浅田　そういうことを指摘してくれる人が亡くなってしまったりして、まわりにいなくなるのも50代なんだよね。あの厳しかった久世さんも、もういないもん。

小泉　「今のシーンは、小泉があまりに下手なのでカットします」とか、ふつうでしたからねぇ（笑）。あれ、わざと言うんですよね。

浅田　でも私たちも、どこか強かったんだろうね。あまりにも言われるから、逆に「くそー、がんばるぞ！」って気持ちになってたし。

小泉　そう。うまくできた時には褒めてもらえたから、どうやったらうまくできるようになるのか、もっともっと知りたくなってました。

浅田　「ストーリーはこういう流れになってるから、今はこんな気持ちでやってごらん」って言ってくれたり。怒られたけど、ちゃんと育てようともしてくれてたんだよね。そういう人がいなくなって「あー、いいですね」って言う人ばかりになると、あとは自分を俯瞰で見るしかない。それができないと、大間違いしそうになるから。

小泉　本当に。「危険！」って思う時、あります。

浅田　でも、上の人じゃなくても、信頼できる人ならいいんだよね。「この間の作品ちょっと変だったよ」って言ってくれる人。私の場合は、同級生だったりするけど。

小泉　うちは、年下のマネージャーがわりとそうですよ。前に絶世の美女役が来た時、「これ、私の役じゃないよね？」って言ったら、「はい。自分は○○さんがいいと思います」って（笑）。

浅田　アッハハ！　言うね。

小泉　自分もそういう人間でないとダメだな、と思いました。後輩とかに、ちゃんと言えるように。

浅田　まあ、60代は逆にラクになりますよ。「はいはい」って感じ（笑）。さすがにもう、かわいさとかは求められないし。でも、キョンちゃんは、まだまだありそうだね。

小泉　うーん、正直、「まだそこを背負わされるのか？」と思うことは、ありますよ。仕事で「なんてったって〜」ってフレーズを言わされそうになるとか……。まあ、そういう部分を捨てずにきちゃったという反省もあるんですけど、でもそろそろ毅然と「これからはこう生きていくんで！」って言わないと、と思いますね。

浅田　だいたい日本人は、ちょっとロリコンなんだよね。犬や猫に対してもそうなの。

若ければ若いほど、ちっちゃければちっちゃいほどいいって。女性に対して、フランス人みたいに「50代の女が最高！」なんて発想、ないもんねー。

小泉　若い人が年上の人に憧れる、みたいなのがやっと出てきましたけど、私たちの世代のジジイたちは、まずダメですね（笑）。

浅田　うん、ダメ（笑）。だけどそういうムードに負けずに、「もう50だから……」なんて思わないで、興味のあることはどんどんやったほうがいいと思う。何かを始めるのに、年齢なんて関係ないし。落ち着こうと思えば落ち着けちゃう年齢だけど、あっという間だよ？　50から60って。

小泉　はい。40代も、あっという間でした。

浅田　ね。どんどん速くなる。「もうこれでいいや」って停滞しちゃう人も何割かいるけど、でも、そうなるには人生、先が長いから……。何か「おもしろい！」と思えることが見つかるのはいいことだし、それに向けて元気が出てくる。元気って、やっぱり自分がやりたいことをやっていること、そのものだと思うんだよね。

小泉　そうですね。美代子さんみたいに、私もアクティブに生きなきゃ。

浅田　普段はダラダラしてるけどね（笑）。保護活動も、私が生きているうちに劇的に状況が変わるとは思わないけど、ヨーロッパの国々のようなあり方に少しでも近づけるように、せめて道は作りたいと思ってる。そのために、知らせるべきことを知らせていきたいなって。

小泉　ええ。私も、全然違うジャンルだけど、この世界であとから来る人たちが歩きやすいように、少しずつ草を刈ったり、明かりをつけたりする作業を、この先何十年か、やっていきたいと思ってます。それは自分でも「見つけた！」って感じがしてて。そういうのも50代だから、ですよね。

（『ＧＬＯＷ』２０１６年7月号掲載）

〈放談を終えて〉

子どもの頃、テレビで観ていたアイドルの美代子さん。大人になって、素敵な女優さんになった美代子さん。私は、こういう先輩が切り開いてくれた道を、少し遅れて歩き出しました。その道を私も後進のために少しは残せているのかもしれません。お会いすると、いつもお洒落だし、変わらぬかわいらしさでうれしくなる！　その辺りもきちんとあとを追って生きたいと思います。

起こったことは、すべて“いいこと”

放談 9

平松洋子

ひらまつ ようこ
1958年岡山県生まれ。エッセイスト。作品に『買えない味』（ドゥマゴ文学賞）、『野蛮な読書』（講談社エッセイ賞）、『日本のすごい味　おいしさは進化する』などがある。

「書くこと以外、できない」という確信

平松　『黄色いマンション 黒い猫』、すごくよかったです。読んでいる間、ずっと沢村貞子（女優、随筆家。1996年逝去）さんの『私の浅草』を思い出していたんですよね。沢村さんにとっての浅草が、小泉さんの原宿に重なりました。

小泉　本当ですか？　うれしい……。新聞の書評委員をしていた時には、お世話になりました。毎回、終わったあとに飲みに行くのが恒例になっていて、そのあと何回か「もう一杯、飲みたいね」って、一緒に。平松さんに連れていっていただいたお店、おいしかったです。さすが！

平松　フフフ。よかった。

小泉　素敵な本をたくさん出されてますが、文章を書くようになったのは、いくつの時ですか？

平松　大学4年の頃からです。そう思うと、ずいぶん長く書いているんですねぇ（笑）。私、就職試験も受けなかったし、今までに一回も就職したことがないんです。大学を

出た1970年代半ばは、雑誌の他にもPR誌やタブロイド新聞など、とにかくたくさんの媒体がありました。

小泉　今みたいにインターネットがない時代だから、ファッションでも何でも、情報といえば雑誌がいちばん早かったんですよね。

平松　はい。PR誌は雑誌よりもさらに早くて、イキのいい〝今〟が詰まっていた。身近にもそんな仕事をしている人がいたので、自分もとにかく早く書きたくて。大学2年くらいから、社会に出て働いている人がすごくうらやましかったんですよね。中途半端な身分の学生の目からすると、自分の好きな仕事をやって生活している人たちが自由を手に入れているように思えた。でも、学校をやめる勇気もなかったから、結局、4年生になってから。何て言えばいいのかな……「書く仕事以外は、やれない」と思ったんですよ。根拠もないのに、明快に。

小泉　へぇー。

平松　書くことを選んだというよりも、それ以外はできないという思いのほうが強かったですね。のちに書籍の仕事にも広がっていったので、何とかやっていけるかなぁと。でも実は、書くよりも先に、本を読むのが好きでした。小学校の頃の好きな場所は、図書館。友だちと何かをするのは好きじゃなくて、本があれば安心できた。

小泉　そうだったんですか。

平松　いちばんの贅沢(ぜいたく)は、布団の中に入って本を読むこと。ひとりでいて寂しいと思ったことは一度もなくて、とにかく「すっごく幸せ！」って。特に、雨なんか降っている日には……。

小泉　わかります。私は勉強が苦手で、本当に嫌いだったから、本を読み始めたのはすごく遅かったんですけど、同じような気持ちで、雨が降ると「今日は外に出なくていい、ラッキー」って。

平松　思ってたんだ！

小泉　思ってました。「人形のお腹が破れてるから、今日はそれを手術する日」とか、「今日はずっと目をつぶって過ごす」とか、自分で決めて。姉たちが学校から帰ってくるまでには時間があるし、母も出かけていたりするから、そういう、ひとりで完結した世界にいるのが大好きでしたね。

平松　私も。雨の音を聞きながら、本と私だけ、この感じ、超素敵！とか。今思うと自分に酔ってたんですけど（笑）。ひとり遊びを覚えるって、大人の言葉で言えば、「豊か」とかそういう表現になるんだろうけど、あの頃はそんなことは思っていなくて、ただ、ひたすらうれしくて。

小泉　ねー。私も、うれしかったです。

「やらないこと」を決めていけば

平松　食まわりのことを書いていこうと決めたのは、書き始めて2年くらい経ってからですね。社会学専攻だったから、何か自分の立ち位置を決めなくちゃいけないと考えた時、自分にとってはやっぱり、生活者の視点というのが大事だなと思って……。それだけは自分で決めたんですけど、私、もともと目標設定とか夢を持つとか、そういう発想がほとんどなくて。

小泉　おお。意外です。

平松　書くものも、その時にできることを一生懸命にやってきただけで、「これをやれば次が開けるかな?」という程度。遠い先の理想像を決めてやっていこうと考えると、すごく窮屈になっちゃうから、自分には目の前のことだけで十分じゃないかと。結果的には、それがのりしろになって、今までつながってきたというのが正直なところです。

小泉　じゃあ、50歳になった時も「こうしよう」「ああしよう」みたいなことは。

平松　ぜんぜん。そもそも、年齢を考えたこともあんまりなくて。「50代はこんなふうに生きたい」なんて考えると、ちょっと苦しくなってしまう。

小泉　そうか……。いや、50になるから、こういう連載を始めたんですけど、さすがに目標とか定めておかなきゃいけないのかな？と思って、こういう連載を始めたんですけど、私も若い時にいきなり仕事人生が始まっちゃったから、実際、そんな暇もなかったんですよね。始まったら次々、いろんなものが飛んでくるし（笑）。

平松　アハハ。飛んでくるものも激しそう。

小泉　それを受けたり避けたりしていたら、この年齢になっていた。でも、40歳になるちょっと前くらいから、何か、長く続けることができるものをという意識は持つようになったんです。ご一緒させていただいていた書評も、10年続けて一冊の本にできたし。それに最近、だんだん残り時間が短くなってきているという自覚もあって。

平松　この先の、持ち時間が少しずつ……。

小泉　はい。だから、いつかやってみたいと思っていることは、先延ばししないで実行しよう！という気分には、なっています。

平松　今なさっている、舞台の製作や演出とか？　作りたいという気持ちや、自分の中にそういう芽があるなぁと意識したのは、いつ頃ですか。

小泉　仕事をしていて気づいたのは、18歳くらいかな。レコード会社のディレクターが新しい人に代わって、「B面だけプロデュースしてごらん」「プロデュースって？」「作詞家と作曲家を決めて、『こういう感じのを』って言うだけだよ」って。で、やってみたら「あ、できるんだ」と。

平松　やれそうだということを、まわりの方が見抜かれていたんでしょうね。

小泉　たぶんその前から、大人たちに「こうしたい」ということを言ってたんだと思います。それで、コンサートで演出家を立てないで自分でやってみたりとか……。そういうことを、これからはもっとちゃんとやっていかないといけないな、と。

平松　それは将来的に、自分が表に出ない方向にシフトしようと思っているわけではなくて？

小泉　はい。自分がどうこうということでなく、もうちょっと広い視野でものを見て、製作者というのになれたらいいなと。つまり、それも平松さんと同じように、ひとつずつ目標をこなしながら、のりしろを貼っていく感じ……なのかな？　その結果、「あ、最近キョンキョン、出てこないね」っていうことになるかもしれないけど。

平松　それは、自分で選んでいることと同じなんじゃないかな。ネガティブに感じられるかもしれないけど、「これはやらない」ということを決めるのって、私は大事な選び方のひとつだと思うんですよね。夢とか「こうなりたい」と設定するのは、ポジティブに見えがちだし、わかりやすく思えるんだけど、「やらない」「選ばない」ということも、実はちゃんと選んでいるし、大変な決意なんじゃないか……と。

小泉　うん。それで意外と、自分の可能性も狭めていないですよね。やらないことを決めているだけで、「これしかやらない」ってわけじゃない。

平松　思うに、自分ひとりだけで決めたり選んだりすることって、たかだかな感じがするんです。逆に、窮屈になるというか。無理やり「これがやりたい」と思い定めなくても、そこは何か、まだわからない大事なものとしてとっておいて、やらないことをまず決めていくと、意外といいものが、結果的に手元に残るのかも。

小泉　ああ……その言葉が響く人、きっといっぱいいる気がします。自分はこれがやりたいんだ！って方向にばかり気持ちが向いちゃうと、そこに行き着いてしまった時、いったい自分はどうなってしまうんだろう？とも思うし。

起こったことは、すべて「いいこと」

平松　大事なものはそうそう見えるものではないし、そもそも何だかわからない。ずっとわかんないままでもいいんじゃないかと思っているほうが、身体とか頭が開くのかもしれないですね。

小泉 うーん、今の今まで何か決めなきゃ！って私も思い込んでいたけど、お話を聞いて「あ、そっか」と思い始めました（笑）。参考になります。本を読んでいても、いつもいろんなことを教わるんですけど、平松さんおすすめの調味料とか、買ってはみるものの、実は使えてなかったり……。

平松 それは、ぜんぜんいいんですよ。調味料でも何でも、私はそのものを書くことによって「これはどういう意味があるんだろう？」と理解や考えを深める、そのために書いている面もあるので。

小泉 土鍋でご飯を炊くとか、電子レンジは使わないとか、すごく素敵じゃないですか。

平松 ああ、それもね……これ、誤解を生むかもしれないんですけど、私、炊飯器とか電子レンジを否定したことはないんですよ。だって、お腹をすかせた高校生の娘が帰ってきた時に、「じゃ、これから土鍋でご飯を」ってわけにはいかないじゃないですか（笑）。

小泉 フフフ、そりゃそうだ。

平松　電子レンジにしても、処分はしましたけど、それがなくなったことで何を発見したか、何がおもしろかったかを書いたつもりだったのですが、思いがけないインパクトがあったようで、そこは予想外でした。

小泉　うん、うん。私も、「そういうつもりじゃなかったのに」ってこと、すごく多いです。

平松　ええ。大人になった今でも、何か起こるたびにしんどい思いをしたりもしますけど、そういう時には「いや、でも」と、思い直すんです。「起こったことは必然だったんだ。だから、すべていいことだ」って。もう、そこは愚直に肯定する。だって「何であんなことしたのか」「どうしてこんなことが」ってあとで考えても、あまり意味もないですからね。起こったことを、消しゴムで消せるわけでもないし。

小泉　ああ、私も、そうやってひとつずつ不安を潰していった感じです。若い時は本当に自分の手に負えないことが多くて、コントロールするなんて無理だったから、「あれが起こったことによって、私はこれを知った」と、いいほうに取るようにしていました。雨が降ったからそのあとに虹が見えた、みたいに。

平松　反省はするんですけどね。でも、反省よりも本当は、学習のほうが大事。極端に言えば、反省しなくても学習すれば大丈夫だと信じる（笑）。

小泉　アハハハ！　そういう時のためにも、人間として最低限、「これはしない」「あれはしない」ということを決めておくと、いいんですよね。上はいくら広がってもいいけど、下の部分だけはきっちり把握して選んでおけたら、変な影響は受けないはず。「こういうタイプの人とはつきあわない」とか、「ああいう場所には行かない」とか。

平松　たとえば、ここの店には行くけどあそこには行かないとか、日常生活でも、けっこう訓練しているのかもしれないですね。その積み重ねで、それぞれに基準を作っていけばいい。失敗してもいいんです。人は、失敗からいちばん学ぶわけですから。

小泉　そうですね。そうやってちょっとずつ、自分のことをわかっていく……でも私、まだけっこう迷ってますねぇ。仕事だとぜんぜん迷わないんですけど、普段のことがすごくダメ（笑）。「今日、何食べる?」「うーんと……何でもいい」みたいな。10回に1回くらい「……焼き肉?」って。

平松　小さなところで優柔不断（笑）。

小泉　そういうところが面倒くさいというか、何というか……。私はここ10年、20年、仕事の幅が広がったことで、ちょっと風呂敷広げすぎちゃったところがあるので、もう1回、そこから大事なものを選び直していこうと思ってるところです。お店にしても、「どこでもいいっす」「居酒屋?　平気っす」じゃなくて、ちゃんと「ここが好きだ」っていうふうに思いたいなと。

平松　居酒屋の、いい温度の銭湯に入っているような心地よさってあるけれど、ズルズルとそっちになびくんじゃなくて、ときおり空気がピッとしたところへ身を置くと、気持ちがシャンとする。

小泉　はい。だから、風呂敷をちょっと小さくして、入れるものをひとつずつちゃんと選んで、ゆったりと、楽しく……。これからもう一度生きていくために、10代、20代の頃の、何も知らなかった頃に感じた衝撃を思い出したいなって。

平松　そういう意味では、私が今、大きく揺れてしまうのは、親のことですね。50代になると、介護とか、今までとはまた違う問題として家族と直面することになるんですが、それまで親が生きてきた人生の重みがあるから、「これがいいんじゃない?」と自分の思いだけでは言い切れないし。

小泉　皆、まさにこれから経験しますよね。

平松　今までは自分のことだけを決めていけばよかったけど、そうはいかないこともあるんだという兆しが見えてくる年代でもある。だから、それまで生きてきて得た知恵を総動員して、ひとつひとつ、現実に向き合っていくしかないんでしょう。事情や状況はそれぞれ違うから、理想だとか、「何がよかったのか」「正しかったのか」とか考えても仕方がなくて、やっぱり「あの時できたことが、いちばんよかったんだ」と。

小泉　そうですよね。その時にしたことが、その時のベスト。間違えても、そのことに意味があったんだと思えるように、私もやっていきたいです。

（『GLOW』2016年8月号掲載）

〈放談を終えて〉

平松さんに会うと、すごく素敵な従姉妹のお姉さんに会ってるみたいに、少し恥ずかしくて、すごくうれしい気分になる。いいことも、少し悪いことも、どっちも教えてくれるカッコイイお姉さん。あと、話し方が綺麗で優しくて、うっとりしてしまいます。

向かい風は、想定内

放談 10

上野千鶴子

うえの ちづこ
1948年富山県生まれ。社会学者。東京大学名誉教授。『おひとりさまの最期』など著書多数。NPO法人Women's Action Network（WAN）理事長としても活動中。https://wan.or.jp

身体と心の荒波を乗り越えて

小泉　この連載を始めた頃、フェミニズムに対するイメージが、若い頃と変わってきたというお話をしたことがあったんです（放談3。ゲスト・江國香織→50ページ）。昔はともかく、今なら自分もフェミニストだと言えるんじゃないかって。

上野　フェミニストであるということに対して、ためらう気持ちがおありだったのね。

小泉　はい。子どもの頃の体験で、テレビに映るウーマンリブの人たちの様子を見ていて、それがちょっと怖かった……というか。

上野　ピンヘルのお姉さんたち（昭和40年代、ピンクのヘルメットをかぶって活動したウーマンリブ団体）のことですか。みっともない女たちだと。

小泉　うーん、よくわからないこともあって……。でも、自分も社会に出て生きていく中で、自分が感じることと、フェミニストの方が考えることが、ちょっとずつ合ってきたという感覚がありました。そういう方たちの活動で、私たちの世代は今、仕事がしやすくなっているのかと。

上野　そう思っていただけたのなら、うれしいです。私は、フェミニズムは偏った主張じゃなくて、単に女の知性の一部ですと、ずっと言ってきたので。フェミニストという、人が嫌がる看板をわざわざ掲げて下ろさないのも、自分より前を走ったおネエさま、オバさまたちから贈り物をもらっているという気持ちがあったからです。何歳くらいから、そう思い始めたんですか?

小泉　30歳頃から……でしょうか。

上野　やっぱりそうよね。20代までは、私たちも世のオヤジたちを敵に回して、その頃は「Don't trust over thirty」って言ってた。若い頃って、無知で傲慢じゃないですか。ところが、そんな自分も、いつしか30歳を過ぎる。その頃から私、自分より10歳年長の人たちと、意識的につきあうようにしてきました。10歳違いくらいの年齢差だと、「こうしていると、ああなるのか」という実感が見えるので。

小泉　ああ、そうですよね。

上野　50歳のお誕生日には、どんな感慨を?

小泉　えーと、もう本当に時間がないから、先延ばししていたことはやっていかないと、と……。

上野　「いつか」という日は来ない、ってことね。私はね、50歳の時は、半世紀もよくぞ生きた、自分を褒めてやりたいという気持ちになりました。しかも、あなたの場合は、人気というかたちのないものを当てにして、徒手空拳（手に何も持たないこと）で渡ってきた半世紀。そういうのを「セルフメイド・ウーマン」っていうんです。

小泉 事務所には所属していましたが、確かに、組織の中で育ってきたわけではないですね。

上野 50代って、女はまず身体が変わるでしょ。メノポーズ（更年期）は、経験しておられますか？

小泉 あ、まだちょっと大丈夫な感じ、かな。

上野 個人差があるからね……って、こういう話、この連載では、あまりされてませんよね（笑）。私たちは女性運動の中で、身体のことも率直に話し合う関係を作ってきました。そういうことって、なかなか教えてもらえないじゃないですか。でも、聞いてみると、身体も心も家族関係もいろいろ変わる50代って、どの女にとっても、すごい節目なんですよ。だけど、誰もがそれを乗り越えてケロッとしている。だから「平気じゃん」って。

いくつになっても、成長欲求はある

小泉 私も、少し年上の友だちから話を聞いて「そうなのか」と思ってて……。

上野 そう。いいお友だちに恵まれてますね。私はもともと好奇心が強いのに加えて、社会学者というのを職業にして、人の人生を覗(のぞ)くのが仕事になってしまった。自分の中を覗き込むより、他人という異文化のほうが、何が出てくるかわからないからおもしろいの。小泉さんも、役者をしながら、いくつもの他人の人生を生きるわけでしょう？ わざわざ異文化と衝突する機会を作って。

小泉 フフフ。そうです、そうです。

上野 人生の中で、気力、体力、能力、この3つのバランスがもっとも取れて、フルスロットルで走れるのは、たぶん40代の10年間。あなたを前に、こんな言い方をしたら悪いかもしれないけど、実は50代になる前に、人生のピークは過ぎてるんです。

小泉 アハハハ！ 逆にスカッとします。

上野 自分を振り返っても「よくあんな無茶ができたね」っていうのは、40代まで。自分の能力を超える一瞬が味わえる。まあ、ピークって、過ぎてみて初めてあれがそうだったのか、なんだあの程度なのかという感じ（笑）。クリエイティブな仕事の人たちでも、50歳を過ぎると自己模倣が始まるんですね。過去の利息で食うようになっていって。

小泉　時代と自分が、ずれていくんですね。

上野　じゃあどうしたらいいだろう？って、私、50歳になる時、考えたんです。で、「フィールドを変えよう」と決めた。ちょうどその時、介護保険制度が始まったんですね。それで、まったく素人の社会福祉学の分野に……。新しい分野って、何もかもが新鮮で、勉強することがいっぱいある。10年、そこで突っ走って、楽しかったです。とても。

小泉　私も、自分の中でちょっと違うことをやろうとしていて、この間、初めて舞台の演出、プロデュースというのをやったんです。

上野　やってみて、いかがでしたか。

小泉　楽しかったです！　不安もいっぱいありましたけど、何というか、女優としている時と、見える世界がまったく違うんだってことが。音響さん、美術さん、役者たち、全員から質問攻めにあって、それに答えていくうちに舞台が出来上がっていくということが、すごく気持ちよくて。何だか、新しい考え方が自分の中に生まれそうな感じがしているところです。

上野　意思決定の快感よね。その年齢で転身を望まれたことは、いい節目だと思いますよ。今の話で思い出したんだけど、「男がなりたい職業ベスト3」って、野球監督、映画監督、指揮者なんですって。全部、人を束ねて指揮する仕事。

小泉　ああ、その快感、あると思いますね。

上野　ただ、この3つの職業には、女性は極端に少ない。野球監督はもちろんゼロだし、映画監督も、指揮者も。男と女のいる集団を束ねる時、女性がトップに立つと、なかなか言うことを聞いてもらえないという話を、私はその世界の女性たちからさんざん聞かされましたけど、小泉さんの場合は大丈夫でしたか？

小泉　役者の中では私がいちばん先輩だったこともあるかもしれないけれど、みんな言うこと聞いてくれました。

上野　そう。あなたの過去の活動に対するリスペクトもあるからでしょう。セルフメイドの女性たちって、ほとんどが個人プレーで働いてきた人たち。組織プレーのできる場に立たせてもらえないと、結局、身の丈プレーになってしまいがちですが、モノとヒトとお金を束ねた時に見える景色というのは、確かに違うと思います。

小泉　そうか。そうですよね。

上野　年齢に限らず、「所詮」「どうせ」は女のキーワード。女には子どもの時からずっとついて回るもので、その罠にはまらずに済んだレアな女だけが、早いうちから恵まれた場所に出て、自分を伸ばしていける。でも私は、どんな人にも成長欲求はあると思うんです。あなたは今、分野を変えたばかりのアプレンティス（初心者）ですよね。自分の残り時間であと何本仕事ができるだろうって、数えたりしませんか？

小泉　はい。この先、もっとそうなるかも、です。

大人になるって、責任を負うこと

上野　私が50代の時、60代の女性たちに話を聞いて回ったら、口を揃えて「60になったら、ラクよぉ」って言っていた。で、実際なってみたら、そうでした。実感として。

小泉　そうなんですか！

上野　身体の変化が収まって、体調が安定しました。それと、開き直りの力っていうのが出てくる（笑）。泣いても喚（わめ）いても、もう60代。大事なことと、どうでもいいことの区別がつくようになるから。

小泉　先生にとって、大事なこと、どうでもいいことって何ですか？

上野　うーん、仕事は相変わらず、好きですね。それで、もうあまりあとがないと思うと、人がどう思うかっていうのは、気にしなくなりました。まぁ、もともとそうでしたけど。「もうこれからは言いたいこと言うわ」って言ったら、まわりから「今までだってそうだったじゃないですか」って。

小泉　アハハハ！

上野　失うものがないって思えるからでしょうね。でも、男の人たちを見てると、彼らにはまだまだあるんだなぁと。そこが、見ていて切ないです。

小泉　そうですね。ちょっと優しくしてあげようかな……と思っちゃう。

上野　それはお優しい。私は「自業自得」って（笑）。でも、少しはわかるわね。歳をとって、自分が弱い生き物だってことがわかってくると、「あ、人間って壊れものだったんだ」と、しみじみ思うようになりまして。昔は、オヤジはぶっ叩いても壊れないものだと思ってたけど、あの人たちも弱い生き物なんだと。学生たちも、最近は崖から突き落とすと壊れちゃうしね。もうしょうがない。私、優しくなりましたよ。自分の衰えを感じたのが、他人に対する想像力の源泉ですね。

小泉　そうかもしれませんね。

上野　だから私、アンチエイジングって言葉が、大嫌いなんです。

小泉　私もです。ずっとアイドルの仕事をしてきて、30代の半ばくらいから「かわいい！」って言われる中に、「若い！」という声が入ってくるようになって。これ違くない？　喜んじゃいけないんじゃない？って。

上野　「美魔女」とかに出てこられるとね。

小泉　はい。これは抵抗しなきゃと。私は「中年の星」でいいんじゃないかと思ってます。

上野　そのうち「老年の星」にもなってください（笑）。私にしても、別に自分が先頭を走ってきたわけじゃなくて、自分のしたいことをしたらたまたま最初だっただけの話。いつまでも自分がフロントラインに立っていなきゃいけないっていうのは、実はとても情けないことなんです。だから最近は「私、高齢者なんですよ」って。

小泉　フフフ。

上野　老兵は消え去るのみ。でも、後ろを振り返ったら誰もいないっていうのは、あまりにも寂しいからね。それで、ネットで新しい活動（認定NPO法人WAN）を始めたら、若い女性が参加してくれるようになりました。去年は、国会前に60、70代と20代の若者が登場して……真ん中の世代が抜けてたんですけど。

小泉　まさに私たち、ですね。

上野　「政治はうざい」「正しいことはカッコ悪い」と思ってきた世代ですね。でも、大人になるって、責任を背負うことじゃないですか。私だって若い頃は「こんな世の中、うぜー！」って思って、石を投げてた。でも、気がついたら若い子たちに「こんな世の中に誰がした」って詰め寄られたら、言い訳ができない年齢になっていました。

小泉　ええ。自分のいるエンタメの世界では、私もそんな責任を感じるので、あとから来る人たちのために、ちょっとは道を開いておきたいな……と。

上野　そう。不思議ですよね。私も小泉さんも子どもがいないのに、それでも人を育てたい気持ちになっている。しかも、次に手渡すなら、できるだけよいものをと。それにしても、嫉妬と競争の激しい業界で、よくぞ生き延びてこられたこと。

小泉　エヘヘ。きっと、図太いんだと思います。

上野　最近は、ネットっていう新しい世界も出てきたでしょ。若い人たちは、ネット上のエゴがアイデンティティの一部に組み込まれてるみたい。だから、わざわざエゴサーチとかしてボロボロになってる。小泉さんの年代は、微妙なところかしら。

小泉　あ、私もけっこうやりますよ。

上野　そうなの？　だって、探してもネガティブな情報しか出てこないでしょう。

小泉　あ、でも、そういうことを言われた時に、逆にやる気が出るタイプなんです。

「はぁ?」って。ヤンキー心に火をつけられるというか。

上野　今の顔、すごくいいわね(笑)。私と似てる。「おお、来た来た!!」と、身を乗り出す感じ。場数は多く踏んでいるから、人間、50年もやっていたら、どんな向かい風が吹いてくるかはほとんど想定内です。それに、危ないのは向かい風じゃなくて、実は背中から刺されること。これはね、いちばん痛いです。

小泉　わかります!「こっちだったか!」って。

上野　もう、ひたすら落ち込みますよね。ただ、必ず味方になってくれる人はいる。だから、孤立しないっていうのは、大事ですよ。でも、お話を伺ってたら、あなたは普段からお友だちと丁寧なおつきあいをされているみたいだから……。

小泉　はい。大事にしてます。でも、何だかすごく楽しみになってきました、50代。

上野　ここからは、まず親を見送るっていう大仕事が待ってます。大きな仕事だけれど、それは学ぶ機会でもある。「人間、こうやって衰えて、死んでいくのか」っていうことをね。はっきり言って、老いは美しくないです。無様だし。誰もカッコよく、コロッとなんか死ねない。

小泉　そうですよね。

上野　「それでもOKなんだ」って思えたら、いいんですよ。歳をとるって、そういうことなんだと。だってほら、若いって、無知で傲慢で見苦しいことですから。だから「若い！」なんて、言われたくないですよね。

小泉　本当です！　ぜんぜんうれしくない（笑）。

（『ＧＬＯＷ』２０１６年９月号掲載）

〈放談を終えて〉

上野千鶴子さんの言葉は切れ味がよくてスカッと気持ちがいいのだけれど、それを発する声がとても穏やかで綺麗。その声を聞いているうちに、今からでも何でもできる！と、暗示にかかったような気分になり、勇気が出ました。お会いできてよかった。

無償の愛を

放談 11

美輪明宏

みわ あきひろ
1935年長崎県生まれ。歌手、俳優。演技のみならず、演出・美術・照明・衣装・音楽など総合舞台人として、また現代のオピニオンリーダーとして、活躍は常に耳目を集める。http://o-miwa.co.jp/

私って「バケモノ」ですか⁉

美輪　ご機嫌よう。今回は、どうして私に白羽の矢を立ててくださったんですか。

小泉　えーと、私、美輪さんの自伝の『紫の履歴書』を読ませていただいていて、常識にとらわれない、すごく人を助ける言葉をたくさん持っていらっしゃるのだと思いまして、「ダメもとでお願いしてみよう！」と……。

美輪　ありがとうございます。買いかぶりです（笑）。私、そんな大層な人間じゃございません。

小泉　いえいえ。あと、以前に舞台を拝見した時、渡辺えり（演出家、女優）さんのご紹介でご挨拶したんですが、美輪さんが「あなたもバケモノね」とおっしゃって。すみません、「美輪さんに言われても……」と思ってしまいました（笑）。

美輪　アハハ。だってあなたは、全然お変わりになっていないんですもの。ふつうは皆さん、落差の犠牲になるじゃありませんか。

小泉　落差？

美輪　かわいい、綺麗だと言われていた人ほど、40を過ぎ、50になった時、ひどい目に遭うわけですよ。同窓会に行っても「これがあの子なのか」「一緒にならなくてよかった」なんて思われて。もともと美人でなかった人は「君、ちっとも変わらないね」と言われたりするから、人生というのは、ちゃんと帳尻が合うようにできているんですよ。

小泉　フフフ。

美輪　でも、あなたにはその落差がないでしょう。私、芸能界に65年いて、アイドルと呼ばれる方たちもずいぶん見てきましたけれど、皆、新幹線の窓外の景色のように、あっという間に消えていってしまった。でも、小泉今日子さんは美術館の絵みたいにデンと構えて、ずっと変わらずにそこにおられる。ははあ、これは私と同じ部類の、妖怪の仲間だな……と思ったわけです。

小泉　それこそ買いかぶりだと思いますが、でも、すごく光栄です。うれしい。

美輪　女性もいろいろでね。容姿容貌はさほどでなくても、年齢を重ねていろんなものを身につけて、洗練されたいい女になる人もいますが、まあ、それは珍しいこと。たいていは所帯やつれもして、暮らしに負けてしまう人が多いです。女優にしても、女の子から「の子」が取れて女になる、その切り替えを上手になさった方は、残念ながらとても少ない。あなたには、キョンキョン時代から女性のファンが多いでしょう？

小泉　そうですね。コンサートをやっても、半分は女の子でした。最近は、若い女性の方も。

美輪　それが強さなんですよ。なぜかって、日本は、世界でも珍しいほど男性の文化がない国なんです。男性は、まったく文化を楽しまない。男が音楽会や催し物に行くのは、「乗ってるかー！」とお祭りに参加しに行くか、お姉ちゃんたちを鑑賞しに行くだけ。音楽会でも舞台でも歌舞伎でも、観に行くのは女性ばかりですから。

小泉　確かに、圧倒的に女性、ですね。

美輪　そう。だからこの世界はね、女を敵に回したらおしまい。特にこの豊葦原（日本国の美称）は、「女ならでは夜の明けぬ国」なんて、古い歌にも詠まれたものですよ。

身につけた文化が、光になる時

小泉　強さ、かぁ……。

美輪　しかも、小泉今日子の強さというのは、「むき出し」ではない。ほら、強さをむき出しにしている方、いるでしょう？　政治家とか。

小泉　ああ……。私、三人姉妹の末っ子で、女系家族の中で育っているので、女の怖さを知っているからじゃないでしょうか。「ここでおとなしくしていないと、怒られる」って。

美輪　ご自分では、どういうふうにして芸能生命を維持しようと思ってこられたんですか。

小泉　意識して、ではないですけど、アイドルで歌をメインにやりながら、いい演出家や映画監督に出会って、お芝居がすごくおもしろいということを知って……。それで、30歳くらいから舞台を始めて、自然とシフトしていきました。最近、自分でも演出を1本、させてもらいまして。

美輪　私も長年やってきましたけれど、おもしろいでしょ。あなた、灰皿を投げたりなさったの？

小泉　蜷川（幸雄）さんのようなことはとても（笑）。自分でもどうなるかと思いましたが、意外と感情的になったりせず、このままでした。逆に、頼りないと思われたかもしれませんが。

美輪　それが、本当の演出家ですよ。いろいろな方とお仕事をしましたが、名演出家や監督は、客席からの見え方や見せ方をすべて知っていて、冷静に、的確なアドバイスができる。そういう人でなくてはね。そうですか、ついに演出も。

小泉　はい。だから、自然に変化していって……「ここにいる」と決めてずっと変わらずにいるというよりは、少しずつ変化していくことが、芸能界で残っていくということなのかな、と思います。

美輪　そうですね。そして、よく眠り、よく学び、よく食べること。食べるというのは、もちろん「文化を」ということです。美術、文学、音楽でも、何でも。日本の男たちは精神的に栄養失調になっているけれど、女性は違う。この間も、渋谷で、渋いお着物姿の、とても佇まいのよい女性に声をかけられたんですが、お仕事を尋ねたら「卒爾(そつじ)ながら（＝軽々しいのを承知で申し上げますが）、和歌や三味線などを教えております」と。「卒爾ながら」なんて、今時、なかなか出てこない言葉ですね。

小泉　すごい……。

美輪　文化をたくさん食べて、それが身になっている人からは、光が滲(にじ)み出てくるものなんですよ。

小泉　どんな文化が詰まっているかで、外側も出来上がる。特に、大人はそうですすよね。

美輪　大人になっても、枯れないようにね。よく「枯れた芝居だ」「枯れた歌だ」なんて言いますけれど、そんなカサカサしたものの何がいいの？と。潤っていないとダメですよ。あとは、愛。やはり人間にとって、仕事からプライベートまで、さまざまなもののモチベーションの源流にあるのは、愛だと思うんです。それも、無償の愛。

小泉　そうか。そうですよね。

美輪　人間に対する愛でもいいし、仕事に対する愛でもいい。エロスの愛は、いつか肉体的に不可能になるけれど、無償の愛は永遠のものです。だから私は、『愛の讃歌』（シャンソン歌手、エディット・ピアフの生涯をモチーフにした舞台劇）を何度も上演するんです。ピアフという人は、それこそ愛だらけの人。歌に対しても、周囲に対しても、男に対してもね。彼女、物欲があまりなくて、いろいろな人を家に出入りさせて飲み食いをさせるから、借金だらけになってしまったんですけれど、歌にはまったく妥協がなかった。それは私もまったく同じです。与えるという言い方は傲慢で、「差し上げる」が正しいと思いますが、誰かに何かを差し上げる、そのひたむきな無償の愛があれば、人は生きていけるのだと思います。

「女らしい女」として、愛を注ぐ

小泉　特に女性は、そうかもしれませんね。

美輪　あなたには、そういう愛を捧げる人がいましたか？　男性とか。

小泉　男性にはあまり……愛が空回りしてしまうことが多いです。でも、家族のためとか、見てくださる方のためにというのは、確かに、原動力になっています。それがある一時、「この男のために」ということにもなるんですが……。

美輪　どういうタイプの男性が、あなたのお眼鏡に適うんでしょう。

小泉　えーと、それがちょっと……実は、繊細な弱い人に惹かれてしまうかもしれない。

美輪　弱い男に魅力を感じる？　作家でいえば、中原中也とか、太宰治とかでしょうか。

小泉　太宰治の作品、大好きです！「もう、弱いなぁ」と思っても、結局、そういうところに引っかかっちゃうことが多くて（笑）。

美輪　ほう、そっちの系統ですか。私はね、三島由紀夫さんと話が合っていたんだけれど、あの方も私も太宰が大嫌い（笑）。でも、「どうしたの」って言いたくなる、その気持ちはわかりますよ。

小泉　どうしてもそっちの人のほうが、気になってしまいまして……。

美輪　結局、それが男の魅力なんですよ。男の魅力というと、皆さん、強くてたくましくて雄々しくて頼り甲斐があるというふうに思われるでしょう？　でもそれは、実は男たちが憧れる理想像で、本当の男というのは、精神的にも生理的にも弱くて、デリケートで、心配性で……。

小泉　寂しがり屋も多いですね。ひとりでいられない人が多い。あと、小さなことを気にするし。

美輪　そうね。ガラス細工のように繊細で、些細なことをいつまでもグチグチ言っていて、執念深い。どんな男も、劣等感の塊です。だから皆、力道山だとか三船敏郎だとかに憧れるわけ。そういう男に限って、内面的にはものすごく弱くて、ある意味、いちばん男らしい男なんです。

小泉　ということは、私はすごく男らしい男性が好きだと……。

美輪　ええ。とても女らしい女性なのね（笑）。女というのは、強くてたくましくて、デンとしていて、ちょっと無神経なもの。「だって、しょうがないじゃない」とあぐらをかいて開き直れるのが、本当の女なんです。

小泉　ああ、私も「とりあえず、寝よう！」って、よく思います。何かが起こっていても、起きて気にしててもしょうがないから、寝て食べて明日に備えようと。そうでないと、戦えないし。

美輪「矢でも鉄砲でも持ってこい！」ってね。だいたい、男が強くて女が弱いというのは、大錯覚にして錯誤も甚だしいですよ。私、弱い女なんて、これまで見たことない。

小泉 アハハ！　逆の言い方をすると、私、自分より強い男を見たことがないような気が……。

美輪 アハハ。だから私は昔から言っているんです。男女の本当の姿はこうなんですよ、価値観を見直してくださいと。それが真理なんだということがわかれば、文句は出ないはずなんです。

小泉 男と女は、まったく別物だと思ったほうがいいですよね。そのほうが、お互いに相手を認めることができますから。

美輪 それは、男と女だけではありませんね。生きとし生けるもの、すべてがそうなんです。昔、川端康成さんや江戸川乱歩さんに「女のような顔をして、世の中の人から変態と言われたりする君みたいな人は、ふつうは自殺したりしがちだけど、どうして開き直って堂々としていられるんだい？」と聞かれたことがありますが、その時「私、半分は女ですから。でも、真理はこうだと思う」と申し上げたんです。つまり、動物でも植物でも、命あるもので一種類のものがございますか?と。

小泉　へぇー。

美輪　宇宙の星々には、水金地火木土天冥海、地球もお月さまもある。動物も、犬から猫から人間までいろいろいて、ネコ科でも、三毛猫からペルシャ猫、トラから豹からライオンから、いろいろ。植物だってそうでしょう。どうして人間だけが一種類じゃなきゃいけないの?とね。まったく同じ、一種類だけしかいちゃいけないなんて、そのほうがよっぽど、自然の法則から外れていますよ。そして、そういうものは間違いなく滅びます。

小泉　本当に、そうですね。

美輪　それが真理です。私が顔を上げて、胸を張って今まで生きてこられたのは、真理を大事にしていたから。常識じゃありませんよ。常識というのは、一夜明けると簡単にひっくり返るようなものですから、そんなものを信じていたら、ひどい目に遭います。昭和20年の8月15日を境に、すべての価値観が変わってしまったようにね。でも、真理はいつでも、いつまでも変わらないんです。

小泉　それほどに、強いものだと。

美輪　ですから私には、世の中にうらやましい人なんて、ひとりもいない。こう申し上げると、「それはあなたが才能や美貌をお持ちだから」って言う人がいますが、そうじゃありません。皆が違う、その一方で、皆、同じように悩んでいるんです。どんなに美しく才能豊かな人だって、イボ痔かもしれないし、便秘かもしれないし。

小泉　アハハハ！

美輪　妬み僻み嫉みというのは、まったく無駄なエネルギーですよ。そもそもそれは、自分に劣等感があるから抱く感情。それを払拭するためには、皆がお互いさまなんだということを、ちょっと思い出してみればいいんです。

小泉　やっぱり……美輪さんの言葉に救われる人、たくさんいると思います。

美輪　去年亡くなられた水木しげるさんがおっしゃっていたんですが、「ねぇ美輪さん、人間、70になったらおしまいだと思っていたけど、70を過ぎてから僕は、1週間に1遍くらいお利口になっているんだよ」と。どういうことですかとお尋ねしたら、今までわからなかったり理解できなかったりしたことが、見えてきたりわかったりするからだと。だから、歳をとることは楽しいものですなぁとおっしゃっていた。私も実際、そう思います。

小泉　そうなれたら、素敵だなぁ。

美輪　年齢自体は、単なる数字。でも、40、50の女の人なら、それなりに世間を渡ってきて、何がいいか悪いかという判断はできるはずです。よくないことは自分もしないし、若い人にもさせない。上手にアドバイスをして「差し上げる」べきですね。それが、年の功というものでしょう。

小泉 はい。よく食べて、寝て、がんばらなくちゃ。

美輪 そうね。それで真理を知っていれば、ドンとしていられますよ。小泉今日子さんのようにね。

小泉 ありがとうございます（笑）。妖怪の世界に、下働きから入らせていただきます！

（『GLOW』2016年10月号掲載）

〈放談を終えて〉

美輪さんを前にして、とても緊張していたのだけれど、お話しされている表情が美しく慈愛に満ちていて、発せられる言葉には気品とユーモアが満ちていて、綺麗な光に包まれているみたいに夢見心地でおりました。本物の美というものは神々しいものなのだと実感しました。貴重な体験でした。

今こそ、無邪気になれる

放談 12

高橋惠子

たかはし けいこ
1955年北海道生まれ。70年に映画デビューののち、数々の映像作品や舞台に出演。静謐な大人の女性像を演じている。2017年、「明後日プロデュース」製作の舞台『名人長二』に出演。

家に帰れば「家政婦さん」役？

小泉　今日は、ご家族がご一緒で。お孫さんたち、かわいいですね。何歳になられたんですか？

高橋　中1と小6、幼稚園の年長と年少です。いちばん下だけが、男の子。

小泉　わー、もう大きい。以前、テレビで拝見したんですが、高橋さんが子育てをされていた頃、おうちで家政婦さんのキャラクターを演じていたというお話が、私、大好きでした。

高橋　そんな時がありましたね。まだ子どもたちが小さい頃、仕事で疲れて帰ってくると、家に洗い物や洗濯物がたくさんあるじゃないですか。そういう時、「よし、魔法のおばさんに来てもらおう！」と言って、自分がお手伝いさんになるんですよ。わざわざ玄関から入り直して。

小泉　「役」として、なりきるんですね。

高橋　そう思って家事をすると、自分じゃないから乗り切れるんです（笑）。それに、お手伝いさんだと思えば、親目線で見るとやんちゃな子どもたちにも「なかなかいいところがあるじゃないか」と思えるから、不思議なんですよ。

小泉　まさに、女優ならではの発想ですね。

高橋　でも、娘もなかなかのもので、まだ幼稚園児のくせに、「あ、ママが帰ってきた」とか言うんです。そう言って私がどう反応するか、試しているのね。さすが映画監督（夫の高橋伴明）の娘だわ、と思いました（笑）。

小泉　フフフ。女優として忙しく仕事をしながら、家庭を切り盛りされて……。私はそういう経験をしていないので、「何で女ばっかりやらなくちゃいけないの！」と思って、イーッってなりそう。

高橋　結局、女性のほうが得意なんだと思いますよ。ふたつのことを並行してやるというのが、たぶん男性よりも。でも私も、30代の頃は「仕事、辞めようかな」と思っていましたから。

小泉　そうだったんですか。

高橋　ええ。家庭に入ろうかなと。でも、誰もそれを勧める人がいなかったのね。主人も子どもたちも、主人の母も。主人なんて、「仕事をやっていたほうがいい。君が家に入ったからといって、家がよくなるとは思えない」って。

小泉　アハハハ！
高橋　ね、極めつけでしょう？　向いていない主婦業だけだと煮詰まるって、予想したんでしょうね。まぁ、働くように生まれてきたんだなぁとその時に思って、以来、ずっと仕事をしてきました。

愛され信頼されたから、信じられた

小泉　高橋さんには以前どこかでご挨拶をさせていただいたんですが、ずっと共演の機会がなくて。
高橋　本当ですね。不思議なくらいに。
小泉　私は一方的に舞台を拝見したりしていて、落ち着いた、素敵な方だなぁと思ってて……。デビューは10代でいらっしゃったんですよね。
高橋　ええ。小泉さんもでしょう？
小泉　はい。15歳でオーディションに受かって、1年間、稽古期間があって、16で。
高橋　じゃあ、同じような感じですね。私は15歳で映画会社に入ったんですが、1年半で倒産しちゃったんです。だけど、そこのスタッフの方たちが、本当に映画を愛していて、いい作品をたくさん作っておられたんですよ。その人たちと、1年半の間に映画を7本作ったんです。

小泉　7本！

高橋　その期間は、1年間に3日しか休みがないくらい忙しかったんですが、映画が好きで、作品をちゃんと作ろうとしている人たちと、その時期に一緒にいられたということは、今思うと、とても貴重な体験でしたね。

小泉　デビュー作（『高校生ブルース』・1970年公開）、話題になりましたもんね。

高橋　ええ。でも、女優として名前が売れる以前に、ものづくりのおもしろさを知ることができたのは、本当に自分の財産になったと思います。

小泉　お若かったのに、すごいなぁ。

高橋　いえいえ。たぶん……私、けっこう頑固だったんだと思うんですよ。

小泉　頑固？

高橋　ええ。たとえば、撮影所で、いろんな方とお会いするじゃないですか。そういう時、私は自分から「おはようございます」って言っていたんですけど、ある時、会社の人から「主演女優なんだから、あなたから声をかけたりしちゃいけません」って言われたんです。

小泉　えーっ。

高橋　その時は逆らいませんでしたけど、内心、「冗談じゃないわ」って。主演だから自分からは挨拶しないなんて、私は好きじゃない。両親から特に教育されたわけじゃないんですけど、そういうのは嫌だなって、ふつうに思ったんです。

小泉　わかります。私も、人によって態度を変える人を見ると、「ああ……」って思っちゃう。

高橋　一応、「はい」とは言うんですけどね。でも、人としてそれは……というところを曲げてまで、有名になりたいとは思っていなかった。そもそも仕事を始めたのも、たまたまスカウトされて、そのことを親が喜んだからなんです。10代から20代の頃は、自分ではさほど苦しんだとは思っていませんでしたが、でも、やっぱり必死だったんだろうなと。

小泉　そうですよね。何か、毎日、自分の知らないところでいろんなことが決まっていくことに対しては、恐ろしいなぁと、私も思っていました。

高橋　でしょう？　ましてやアイドルで、大変な人気者でいらしたんですから……。

小泉　恥ずかしい話ですけど、コンサートツアーをやっていて、時どき「あれ？　今どこにいるんだろう」と思う瞬間もありました。空港や駅と会場、ホテルしか往復していなくて、それに流されていくと、自分はどうなっちゃうんだろうと。
高橋　本当に。よくご自分を見失わずにここまで来られたことだと思いますよ。
小泉　かなり悪魔に魂、売りましたけど（笑）。
高橋　アハハ。でも、何が支えになったかといえば、私にはやっぱりとても恵まれた部分があったんだと思いますね。親から愛情をもらい、過保護でも何でもなかったけれど、信頼してもらっていたということが。だから自分自身のことを、どんな時も、どこかで信じている部分があって。
小泉　ええ。私も、わりと愛情を感じてきたほうで、親や周囲がそんなふうに育ててくれたということには、ずっと、すごく感謝しています。だから、どんな世界の中にいても、人としてふつうのことを忘れないでいられるのかな？と。

大人だからこそ、無邪気になれる

高橋　年齢のことを言えば、歳をとることをより強く意識したのは、私の場合、50代よりも40代になる時だったように思いますね。39歳になって、「ああ、もうすぐ40になっちゃう！」と。やっぱり30代は、仕事と子育てで忙しかったので。

小泉　どんなふうにして、その時期を乗り越えられたんですか？
高橋　「もっと先を見よう」と思いました。50歳、その先の60歳の、自分のことを考えようと。その年齢で活躍されている先輩たちのお話を本で読んだりして、そこを目指してがんばろうとしましたね。小泉さん、舞台は何歳から始められたんですか？
小泉　30くらいからです。それまでは、やったことがなかったんですけど。
高橋　私なんて、42になってからですよ。
小泉　『近松心中物語』（97年上演）ですよね！　私、拝見しました。
高橋　そうだったんですか。声をかけてくださったのは、蜷川（幸雄）さんだったんですが、実は18歳の時にも『リア王』という作品に呼んでいただいたことがあって、その時はとてもとても、自信がなくて……。
小泉　わかります。私も「絶対、無理。できない」って、お断りした作品がいくつかありました。
高橋　その時、しゃぶしゃぶを食べるお店でお返事をすることになっていたんですね。先方は引き受けてくれるものと思って場をセッティングしてくださったんですけど、私は「すみません、やっぱりできません」と。で、食べるだけ食べて帰ってきちゃった、という。

小泉　ひえーっ（笑）。

高橋　それに、私はかつて、舞台を途中ですっぽかして逃げてしまうという、大変なことをしでかしたことがありましたから。

小泉　20代の頃、ですよね。

高橋　ええ。そんなことがあって、もう二度と舞台には立てないと思っていたので、また声をかけてくださったのは、本当にありがたかったですね。

小泉　初日は、緊張されましたか？

高橋　ええ、もう。袖で出（番）を待ちながら、心臓が口から飛び出しちゃうんじゃないかというくらい、ドキドキして。でも、「これで死ぬことはない」って、自分に言い聞かせました。近松ものですから、舞台に出ると、お客さまから「高橋ッ！」っていう掛け声がかかるんですが、あれがすごく励みになりましたね。

小泉　それからは、あらゆる舞台や作品に出演されて、今はミュージカルにも。

高橋　ええ、『マイ・フェア・レディ』（2016年7〜8月上演）に。歌わない役なんですけどね（笑）。今日子さんは、ミュージカルは？

小泉　いえいえ、とても。私は、自分の歌を自分っぽくしか歌えないんですよ（笑）。

高橋　フフフ。楽しいですよ。楽屋にいても家に帰っても、ずっと音楽が頭に響いているんです。思うんですが、女優の仕事って、「これでいい」という〝限り〟がないでしょう？

小泉　そうですね。その年代や作品ごとに、勉強することが本当にたくさんあって。

高橋　そう。いろんな役と出会って、自分の経験しないようなことも、役の人物の気持ちになって体験して理解してみたりするので、奥が深いというか……まあ、だから好きなんでしょうね。そういう仕事に出会えて、よかったと思っています。

小泉　50代は、どんな実感でしたか。

高橋　そうですね、今までの年代とはやっぱりちょっと違う感じで……でも、すごく解放された感じは、ありましたね。

小泉　ああ、今、まさにそんな気持ちです。

高橋　そうでしょう？　ある程度、いろいろな経験を積んできて、気負わなくていいというか、そろそろ自分らしく生きてもいいのかな？と思えるような……。他の方と比べて、私はだいぶ遅かったのかもしれませんけど。

小泉　今も、頑固なところはありますか。

高橋　ありますね、ずっと。小泉さんは？

小泉　どうでしょう……若い頃は、はっきりキッパリ「こうなんだ！」と言っていないと負けちゃいそうだったので、すごくがんばってきた気がしますが、それなりに経験を重ねて「相手にも事情があるのかもね」というのが見えてくるようになって、だいぶ丸くはなりました、ね（笑）。

高橋　フフフ。たぶん、強さの質が変わったんですよ。しなやかになられたんでしょう。

小泉　まわりにも、年下の人が増えてきましたから。「あれ？　そういえば監督も年下だ」って。

高橋　そうそう。私は、若い頃は「落ち着いてますね」とよく言われましたけど、自分では、最近は逆に、無邪気になってきたような気がしますね。

小泉　わあ。新しいです、それ。

高橋　以前は、やっぱりどこかで周囲の目を気にしていたのが、そんなに気にならなくなってきたというか……。自分のすることで誰かに迷惑をかけたり、悲しい思いをさせたりするわけじゃなければ、別にいいんじゃない？　と。夫に対しても、変な気の使い方はやめようと思い始めたり。

小泉　へぇー。

高橋　50になったくらいの頃だったと思いますが、仕事でアフリカに行って、夫婦で雑誌に載る対談をしたことがあったんです。その時に彼、「いつもビールを注いでくれるけど、本当は自分で注ぎたいんだ」って言ったんです。結婚して20年以上も経ってから、ですよ！（笑）。

小泉　アハハハ！

高橋　彼なりに、泡の立て方とか、こだわりがあったみたいなんですが、私は役目だと思ってずっとやっていて……。こういうことって、きっと他にもあるんだろうなと思って、それからは「妻とは、こうでなければ」と思うのをやめたんです。27歳で出会って半年で結婚して、もう34年になりますが、いまだにそんな発見がありますね。

小泉　素敵だなぁ……。

高橋　あと、50代に入って、お能を始めました。もともと興味はあったんですが、日本のものに関心が深くなったのは、50代から。新しいことを始めるのには、そう遅くない歳だと思いますよ。

小泉　そうですよね。私も、この間、舞台の演出を初体験したんですが、以前だったら「できない、無理」「失敗したらカッコ悪いし」とか思っていたのが、「いや、やっちゃえばいいじゃない？」って。間違えたら間違えたで、また何かで挽回すればいいだろうし、そのくらいのエネルギーは残っていそうだから……。「無邪気」って、たぶんこういう気持ちなんでしょうね。

高橋　そう。「もう50だし」「60だから」というのは単なる思い込みだから、捨てたほうがいいと思います。細胞は日々、新しくなっているんですから。それに、この年齢になれば、永遠にこの先があるわけじゃないと、だんだんわかってくるでしょう？　縛られて生きるのは、つまらないですよ。

小泉　そのとおりですね。

高橋　どんどん挑戦してください。そして、いつかぜひ共演を。今日子さんの演出も受けたいわ。

小泉　本当ですか？　うわぁ、がんばらなくちゃ。

（『ＧＬＯＷ』２０１６年11月号掲載）

〈放談を終えて〉

綺麗な水の中から今生まれ出たというような、清々しい美しさをずっと保っている高橋さん。その上、無邪気まで手に入れてしまったとは！　もう私の中で無敵のヴィーナスです！

自分の感じ方を捨てないで

放談 13

槇村さとる

まきむら さとる
1956年東京都生まれ。73年にデビュー。漫画作品に『ダンシング・ゼネレーション』『Do Da Dancin'!』『Real Clothes』など。『50代は悩み多きお年頃』ほか、エッセイ集も多数上梓している。

50代の危機が「直感」を育てる

小泉　今年もフィギュアスケートシーズンが始まりましたが、私の注目は何といっても雪ちゃん（集英社『ココハナ』で連載中の『モーメント　永遠の一瞬』の主人公、北原雪）！　先生、雪ちゃんが大変なんですけど、どうなるんですか？

槇村　アハハ、どうなるんでしょうね。読んでくださって、ありがとうございます。

小泉　私、スポーツはぜんぜんわからないんですが、フィギュアを好きになったのは『愛のアランフェス』（１９７８～80年、『別冊マーガレット』で連載）の影響ですね。本当に美しくて。

槇村　実は、『モーメント～』を描く前、やめようと思っていたんです。漫画家を。

小泉　えーっ！

槇村　簡単に言うと、たぶん、更年期からくる鬱みたいなことだったんだと思うんですけど。その前から調子が落ちて、ちっともインプットができなくなっていて。私の場合、本を読めなくなるのが不調のバロメーターで。

小泉　わかります。私も、老眼が始まってから、読書量が減っちゃって……。

槇村　何十年も描いてきた習慣で何となくアウトプットはできていたけど、これじゃどう考えてもお先真っ暗だから……。でも、「もう描けません！」って編集さんに言ったら「聞こえません」って（笑）。「もう1回、フィギュア描いてくださいよ」とか言われて、まあ、それで助けられたという感じですね。

小泉　その編集さんがいてくれてよかったー。そうだったんですか、そんな危機が。

槇村　50歳の誕生日の頃はすごく凪いでいて、いい感じだと思っていたのに、いきなり転んだ！　というか。最初はちょっと疲れたのかな?くらいに思っていたんですけど、その後、自律神経の失調が始まって……。とにかく365日、1分1秒をホルモンバランスに振り回されて、揚げ句の果てには暗いことばかりを考え始めて、どんよりして。それまで身体が頑丈だっただけに、自分がそういうところに落っこちたのが、余計にショックでしたね。

小泉　そうかぁ……。私は、身体はまだ大丈夫なんですが、でも、今までとは違う問題が襲ってきそうな感じは、何となくしています。仕事で今までとは別のことをやろうとして、人の問題に突き当たったりとか。自分ならこうして解決してきたけど、他の人にはそれが通用しないんだな、と。

槇村　うん、うん。私はそういう時、ちょっといい人ぶる癖が、若い頃からあったんです。「がんばるのが好き！」みたいなところがあって。

小泉　私もです。何か起こった時に間に入って丸く収めようとして、何か、体裁ばかりの人みたいに思われて、逆に攻撃されたりとか（笑）。

槇村　アハハ。がんばってできるとうれしいので、またやろうと思うんだけど、でも体力も気力ももたないんですよね。人にグッと甘えてこられても「もうやってられないよ！」って。

小泉　フフフフ。

槇村　50代になると、やっぱり死をリアルに身近に感じるじゃないですか。「時間がない」という思いが、自分の中で消しようがなくなる。だから、当然ですけど「もう好きなことしかしない」と、シンプルになりましたね。実際、生活も変わりました。自分にどうしても必要なものと、余計なものとがはっきりしてくる。そして、経験が堆積したことで、何というか、自分の中の直感みたいな回路が太くなってきたという感じはしています。「これは要る」「これは要らない」って。

創作は、セルフ「箱庭療法」

小泉　デビューされたのは、高校時代ですよね。

槙村　高校1年の時です。もともと絵を描くのは好きでしたけど、描き始めた頃の原動力は……まあ、最初は怒りでしたね、親に対する。両親が離婚して、父親から性的虐待を受けていたっていうのが、やっぱりいちばん大きくて。

小泉　ええ。

槙村　おかしなもので、そういうことがあると、あったという事実を、自分で自分に隠そうとするようになるんです。でも、怒りは、漫画を描いているうちにどうしても出てきちゃう。そうすると、物語だから、考えて解決しなくちゃいけないんですよね。逃げるわけにいかなくて。だから、漫画を描くことで結果的に、自分で箱庭療法をしていた……ということだったのかもしれません。

小泉　だから、早くに出合われたんでしょうね。漫画家という職業に。

槙村　そうかもしれません。父親との関係については、40になったばかりの頃にエッセイ（『イマジン・ノート』収録）にも書きましたが、カミングアウトをしたことで、なぜか旦那さんになる人が寄ってきて。「けなげな人だ」とか無理して言ってくれたので、「来たな！　よし、ガブー」って、捕まえました（笑）。42歳の頃だったかなぁ。

小泉　アハハハ、やった！

槇村　やっぱり、自分がオープンになったからでしょうね。隠している人は、なかなか他人とつきあえるものじゃないので。

小泉　自分で自分を解放できれば、きっと入ってくるものがあるんですよね。そうしてそれは、その年齢まで、ずっと仕事を続けてこられたからできたことなんじゃないかと思います。もしかしたら怖くて手放せないまま終わってしまう人もいるかもしれないけど、懸命に何かをしていた人には、きっと別の自信が生まれているはずですから。

槇村　うん、うん。

小泉　先生の漫画の中の女の子が、夢のためにグッと意志の強さを見せる瞬間があるでしょう？　あの時の表情がいいんですよ。スカッとします。それに、着ているものがまた、お洒落で。

槇村　変なんですけど、最初は私、服って「登場人物に着せるもの」だと思っていたんですよ。

小泉　人物に？　着せる？

槇村　そう。キャラクターたちが着るのが服で、そのために一生懸命洋服を見たり買ったりしていたんだけど、自分が着るものについてはぜんぜんわかっていなかった。ある時、友だちが女性ファッション誌を読みながら「このドレス、素敵！　着たい」と言ったんだけど、私は「はぁ？」という感じで。自分で着たいって、どういうこと？って（笑）。

小泉　フフフ。漫画家さんって、ファッションデザイナーで、スタイリストですもんね。

槇村　ストーリーに合う服、描き映えのする服、登場人物の性格に合った服、そんなことばっかり考えてて……。で、30歳くらいの頃から、流行りのDCブランドとかを見るようになって、やっと自分に似合う服って何？と考え始めました。

小泉　私は事務所に入った時、最初にスタイリストさんがたくさん服を買って、部屋のクローゼットに入れてくれたんです。これから人に見られる仕事をするんだから、毎日同じ服を着たり、汚い格好をしてちゃいけないと言われて。でもそれが、あまりにもかわいいものばっかりで……。

槇村　そんなに？

小泉　ピンクとか、リボンとか、あと、白い靴とか（笑）。テレビ局に行く時は、仕事だと思えば着られるけど、「これで実家は帰らないからね！」「友だちと遊ばないからね！」って。

槇村　うわー、そりゃ着ないわ（笑）。

小泉　でしょう？　撮影で着た服を買うのも嫌で、「自分の着る服は自分で買うんじゃ！」と。地下鉄で原宿まで行って、お店や古着屋さんで買って。いろんな人とも知り合ったし、楽しかったですね。

槇村　へぇー。とにかく、そんなこんなで30代はとにかく買った！　まあ、今も買ってますけどね。服が好きな世代なんですよ。買うことも。

小泉　大人になると、金銭的にも余裕が出てくるし、「こんな服、着ても今なら許されるんじゃない？」っていうの、ありましたよね。

槇村　DCブランドのあと、インポートものが入ってくる時代になったんですが、ダナ・キャランのジャケットとか、感動しましたね。「そうか、服って立体なんだ。鎧（よろい）なんだ」って。醜いたるみも、全部隠してくれるんですよね。きれーいに。

小泉　そうそう。私は、靴かなぁ。若い時は、仕事でハイヒールを履くことはあっても、自分では買ったことがなかった。痛くて、ぜんぜん歩けなくて。でもある時、ハイブランドのちゃんとしたのを買ってみたら、「うそー、ハイヒールなのに歩きやすい……」って。

槇村　えー、何を今さら。って、ほら私、靴フェチだから（笑）。始まりは子どもの頃の、赤い靴をもらいそびれたっていう経験なんですよ。よそからもらった素敵な靴があったんだけど、サイズが合わなくて母親が返しちゃった。あの靴を今も探し続けているような……。

小泉　フフフ。

槇村　それと、トゥシューズとか、フィギュアスケートの靴とか、人の機能を拡張していくような履物が好きですね。義足もそうですが、それを装着することで、何かとんでもないゾーンに入っていけそうなものが、もう大好き！なんです。

「私の感じ方」を捨てないで

小泉　個人的には、40代はハイブランドでそれなりに楽しんじゃった感じなんですけど、今はそれもつまんなくなって。でももう年齢的に薄汚い格好をするわけにもいかないし……なのでとりあえず、かわいい服はあんまり買わないようになりました。ミニスカートとかも、タイツをはいたら何とかいけると思っていたけど、さすがにもう。

槇村　ファッションって、よその人から見たら風景の一部じゃないですか。それが異様なことになっているのはまずいぞっていうのは、ありますよね。私も、最近は同じものを着ているというか、似たようなものを買い替えている感じがします。似合うものの範囲が本当に狭まってくるし、身体のパワーもだんだん落ちてくるから、あんまり強い感じのものは着られない。

小泉　ああ、わかります……。

槇村　ライダースジャケットって、反骨精神の象徴だと思うし、大好きなんだけど、身体の具合が悪い時とか、重くて重くて。服に重さがあるなんて、若い頃には考えたこともなかった（笑）。着ている本人のパワーと服のパワーが、合ってないんですよね。だから、今も買い続けてはいますけど、ライダースは肩にかけるだけ。

小泉　ニットとかも、モフッとしたやつは、重たく感じるようになってきたなぁ。

槇村　うん。あと、黒も難しくなる。顔色に透明感がないと、どうしてもくすんでしまって。光沢があるものはいいと思います。だって、光がないんだもん、着るほうの身体に（笑）。だからキラキラを補完しなくちゃ。おばあちゃんがでっかいジュエリーをつけているのって、あの年齢だから似合うんですよ。カサッとした手や肌だから。

小泉　そうか、そういうことなんだ。

槇村　若い頃だと、若さが弾いちゃうから、おもちゃにしか見えないですよね。ねぇ、今日子さんは、どんなおばあちゃんになりたいですか？

小泉　えっと……若い時は、ジョージア・オキーフ（アメリカの画家。86年逝去）の写真を見て、ああいう、男みたいな顔をしたおばあさんになりたいなぁと思ってたんです。

槇村　ほおー。

小泉　無表情だけど何かを語ってる、でも手だけはすごく色っぽい……みたいな人に憧れていたんですけど、何かあんまりそっちには近づいていってないな、という（笑）。だからどうしようか、うん、迷ってますね。

槇村　迷ってる？　だって今、仕事がおもしろいんじゃないですか？

小泉　仕事はおもしろいんですけど、他にもいろいろと……。でも今までは、迷ってても「仕事、楽しいです！」って言って、自分で自分を盛り上げてた感じがありましたけど、もうそういう無理はしないようにしようかなと。

槇村　ああ、確かに。私も無理、無駄、無茶はもうしない。40代でそういうのは、卒業しました。50代もそうだけど、60代も、けっこういいタイミングですよ。更年期を越えて、見晴らしがよくなる感じ。だから今、気持ちはすごくラクです。

小泉　いいなぁ。私はまだまだ、だな。

槇村　50代を生きるには……何というか、「私の感じ方」っていうのを手放さない、っていうことかな？　強い言葉で表に発表しなくてもいいんだけど、自分が何をどう感じているか、そのことを絶対に捨てない。まわりがどうこう言うから、ということで、フラフラ行かないこと。

小泉　ええ。今、何でもうるさいですもんね。食べ物屋さんの星がいくつだとか。

槇村　おいしいかおいしくないか、そんなの、私が食べた時にどう感じるか、それでしかないんですよね。「これは嫌だ」と感じるとか、ザラッとした違和感とか、そういうことに敏感になっておくことが、センサーを育ててくれるんじゃないのかな？と。そうしていることで、人との出会い方も、もっと上手になるような気がします。最初に話した、直感にも通じるかもしれないけど、すごく親しくなる人と、簡単に巡り会えたり。実際、あるんですよ、そういうことが。

小泉　あ、私にも経験があります。それもやっぱり、その時までにお互いが経験を積んできたからなんじゃないのかな、と……。先生は、どんなおばあちゃんを目指しているんですか？

槇村　私はやっぱり、自分で描いたおばあちゃんかなぁ。『おいしい関係』（93〜99年、集英社『ヤングユー』で連載。のちにドラマ化）の千代ばあとか。あのキャラが自動書記みたいにスラスラ描けたのは、たぶん私がこうなりたいと思っていたからなんだろうなって。

小泉　フフフ、そうですよね。だから、やめるなんて言わないで、もっともっと描いてください。

（『ＧＬＯＷ』２０１６年12月号掲載）

〈放談を終えて〉

『グーグーだって猫である』という映画で漫画家を演じるにあたって、槇村先生のアトリエを見学させていただいたのが９年前。大御所なのに！　売れっ子なのに！　懐深く迎え入れてくださったことに感激したのでした。久しぶりにお会いした先生は、更に優しく、深く、何かセクシーだった。槇村さとるの漫画を一生読み続けると心に誓った午後でした。

流れには、飛び込もう！

放談 14

芳村真理

よしむら まり
1935年東京都生まれ。60年代より司会者として、テレビ黄金期に活躍。現在は湘南に在住。NPO法人「MORI MORI ネットワーク」で森林保護活動に取り組む。

「夢の箱」の中に入って

小泉　真理さん！　お懐かしいです。

芳村　30年ぶりって、嘘みたいよね。本当に、信じられない。『夜のヒットスタジオ』に最初に出てくれたのは、あなたがいくつの時？

小泉　16歳です。その前からずっと観ていましたけど、まさか自分が出るようになるなんて……。

芳村　フフフ。でも、キョンキョンは、最初の頃からおどおどしているタイプじゃなかったわよね。

小泉　緊張はしていたんですよ。初めて出させてもらった時、真理さんと（井上）順さんの間に立って、CM明けで次は私っていう時とか。そうしたら、誰かが私の肩をガシッと掴んで「大丈夫だよ！」って。振り向いたら萩原健一さんで、余計に緊張して「もうやだー」って（笑）。でも、ライトがついたからとりあえず笑っとこ！と。

芳村　アハハハ！　それは大変よ。新沼謙治君も、小柳ルミ子ちゃんも、最初はみんなそうだった。あの番組は、ベテランの人も緊張してたんだから。

小泉　新曲の時は、特にですよね。夜ヒットでお披露目っていうのが多かったから。ジュリー（沢田研二）とか、毎回、楽しみだったなぁ。「次はどんなパフォーマンスを？」と思うと。

芳村　ジュリーと（山口）百恵ちゃんは、やっぱり特別だったわね。他の出演者も緊張して、あの和田アキ子さんが手にびっしょり汗かいて「真理さん、今日、ジュリーと一緒なんですよね！」って。

小泉　へぇー。でも、確かにビリッとするものはありましたよね。そこにいるだけで何か……。

芳村　「あのさぁ」なんて、話しかけられる雰囲気じゃない。カリスマ性があるのね。それがきっと、お茶の間にも伝わっていたんだと思う。

小泉　私は入れ替わりの世代ですけど、百恵ちゃんの引退の時は、まるで劇場みたいでしたね。

芳村　そうだったわね。本番まではわりとふつうにしていたんだけど、いざ彼女が最後の歌を歌う時になったら、皆、泣いて泣いて……。彼女が引退した夜、ひとりで運転して家に帰って、車を降りたらキンモクセイがふわっと香ったのね。あの瞬間、お別れの夜のことは、一生忘れられない。今でも、その匂いをかぐたび思い出すのよ。

小泉　そうかー。子ども心にも、美しいものを見せてもらったなぁという印象でした。

芳村　キョンキョンは、そのあとなのね。でも、あなたは最初から、他の子とは違ってた。百恵ちゃんや森昌子ちゃんは、ピアノの後ろでよく宿題なんかしてたけど、そういうことはないし、順さんが絡みに行っても乗らないしね（笑）。落ち着いて大人っぽかったから、私としては安心で。

小泉　緊張を、あんまり表に出せるタイプじゃないんですよ。だから、静かにしてたんだと思う。

芳村　それが、歌う時になるとガラッと変わるんだから！　華やかで、カッコイイのよね。最後の頃のクリスマスのこととか、覚えてる？

小泉　サンタクロースみたいな衣装を着た時ですね。夜ヒットには、女性の放送作家さんたちがいて、毎回、出演が決まると話し合いをするんですけど、「クリスマスだから特別な、小泉さんらしい演出を考えてもらえませんか？」とか、「小沢健二君と『ラブリー』を歌ったらどうですか」とか。他にも、いろんな方とコラボさせてもらいました。

芳村　マネージャーとかを通さず、あなたは直で話せる人だから、まわりもノリノリで。女の子でも男の子でもなかなかいないない珍しいタイプよ。アイドルって、皆、ひとことで言うけど、あなたはそういう範疇じゃない人だったわね。

小泉　エヘヘ。なんかちょっと、大人として扱ってもらえるのが、私もうれしかったです。

時代と一体になる喜び

芳村　毎回、お祭りみたいで。今でも、若いタレントさんに「ＹｏｕＴｕｂｅで見たんですけど、おもしろいですね」って言われることがあるけど、本当に楽しかったわね。あれが生放送の醍醐味。

小泉　テレビという世界が、いちばん成熟に近づいていた時代だったんですよね。まさに夢の箱。

芳村　テレビって、ある時急に出てきたものなのにね……。私、最初はモデルをやってたのよ。

小泉　フフフ、知ってますよ。

芳村　大昔にね（笑）。その頃はぜんぜんわからない世界だったし、何かちょっとおもしろそうだと思って……。若い頃って、興味があると、向いているか向いていないかは関係なく、積極的な女性は邁進してみるものよね。だから私も、門を叩いたの。その頃は人手不足だったから、「どうぞどうぞ、ここに名前を書いて」って。

小泉　雑誌の撮影とか、ですか？

芳村　最初の仕事は、撮影会。カメラとフィルムが世の中に出回った頃で、秋山（庄太郎）さんとか、有名なカメラマンが10人、20人のモデルを連れて、海岸なんかに行くわけ。そうすると、写真を覚えたい人が300人くらい集まったの。

小泉　へぇー。

芳村「はい、ポーズをとって」なんて言われても、最初だもの、できないじゃない？先輩モデルの様子を見よう見まねで、「あらっ？」なんて感じで振り向いてみたら、その瞬間にバシャバシャバシャ！ってシャッター音が。

小泉　アハハハ！

芳村　あの時私、シャッターチャンスっていうものを覚えたのよね。それから次は、ヘアモデルの時代。美容室なんかに貼ってある流行の髪形のポスター、あれのモデルを山ほどやった。細くてしっかりした髪質で、しかもちょっと茶色かったから、「真理ちゃんはどんなふうに巻いても、とかしているうちにサマになる」って重宝されたのよ。

小泉　そのあと、女優になられたんですよね。

芳村　モデルをしている頃、日本テレビで、昼間にファッションの番組があったの。鯨岡阿美子さん（のちに服飾評論家。1988年逝去）っていう、まだ和服姿の女性のディレクターが、たすきがけして「キュー！」なんて出していたのよ。

小泉　カッコイイ！

芳村　テレビ局に行っていたある時、廊下で呼び止められて、打ち合わせに来なさいって言われて。モデルの仕事だと思って行ったら、そこに有名な俳優や女優がずらりといて……。台本を渡されたんだけど、見たらそれはドラマの脚本で、なぜか私のセリフがいっぱい書いてあったの。

小泉　えっ、いきなり主役!?

芳村　その頃、アイドルだった女優さんが海外公演に行っている間の代わりだったのね。でも、ドラマなんか観たこともないし、演技もしたことないわけじゃない？　1週間後の撮影までの間、私、ご飯が食べられなくなっちゃった。

小泉　そりゃあ、そうですよ。

芳村　で、当日、あと1時間で本番という時まで「どうする?」って。でもその時、思いついたのよ。台本の自分のセリフを全部切り取って、セットのあちこちに張ったの。キョンキョンと違って、私、もともと覚える気がないんだもの。

小泉 アハハハ！ 大胆すぎる。

芳村 でしょ？ それでもう、いきなり自信満々になっちゃった（笑）。そのあと、番組を見てくれた大島渚さんや吉田喜重（映画監督）さんから声がかかって、映画にも出させてもらったの。でも、大船（撮影所）は遠いし、泥だらけだし、いっつも海に行って遊んでた。それが20代。

小泉 すごいなぁ……。

芳村 16歳からやってたキョンキョンのほうが、ずっとすごいわよ。でも、女優はダメだったわね。向いてなくて。そうしたらその頃、フジテレビの『小川宏ショー』のアシスタントさんが妊娠で降板することになって、誰かが「芳村真理はどうだろう？」って。私、いつも人手不足をチャンスにして、世の中を渡ってきたのよ（笑）。

小泉 生放送は大丈夫だったんですか？

芳村 それが、平気だったの！ ものすごくおもしろくて、私、その日を境に、他のすべての番組を断っちゃった。33歳、女の厄年にね。

小泉 よっぽど、生放送が合ったんですね。

芳村　そう。番組をやりながら私が思うことって、それを見ている人と同じなのよね。視聴者の人と一緒に体験をしているんだ、っていう実感がいつもあって。それまでモデルをやり、女優をやり、映画もドラマもってグチャグチャだったのが、「私のやりたいことは、これだったんだ！」と。あそこなら、台本も手元に置いておけたし（笑）。

小泉　フフフ。それ、大事です。

芳村　それで1年半、ずっと一本に専念したんだけど、当時、子どももまだ小さかったし、くたびれちゃって。そうしてテレビ局の廊下を歩いていたら、また呼び止められて、「真理ちゃん、新しい音楽番組ができるんだけど、やってみる？」と。で、半年後に始まったのが、夜ヒット。

小泉　そうだったんだ……運命的ですね。

芳村　うん。あと、番組でお洒落のことをやりたいって言ったら、「じゃ、真理さん、ファッションショーをやってみる？」って。あの頃、いろんなファッションがどっと日本に入ってきて、ハイブランドのショーもたくさん来ていたのね。それをスタイリストが昼間に見に行って、衣装として借りてきたの。放送が終わってすぐ、夜11時にトラックに乗せれば、翌日の大阪のショーに間に合ったから。

小泉　本当に毎回、素敵だったなぁ。

芳村　ある時、ジバンシィのお洋服を着ていたら、デザイナー本人がスタジオを見に来たのね。放送中、スタイリストが真っ青になって何か言ってるから、どうしたんだろうと思ったら、「真理さん、お洋服が後ろ前です！」って（笑）。

小泉　えーっ！

芳村　もう、慌てちゃって。終わってすぐデザイナーのところに飛んでいって頭を下げたら、相手もさるものよね。「僕も、こういう着方があるのが初めてわかったよ」って笑ってたわ。いい人よね。あれも、すごくいい思い出のひとつ。

流れる川には、飛び込もう！

小泉　生放送番組から勇退されたのは、50代になられた頃でしたっけ。

芳村　52か3か、くらいね。私は50の時というより、むしろ40代を迎えた時が印象に残っているんだけど、さっき話した鯨岡さんが、「日本では女の自立が難しい。もしこの先、一生仕事をしていくつもりなら、女性としてではなく社会人として、うんと広い視野できちんと勉強していったほうがいい」と言ってくれたことがあったのね。

小泉　本当に……そうですよね。

芳村　その頃、もうひとつやっていたのが『料理天国』（75〜92年放送）。あれも本当に毎回、大変だったんだけど、しっかりと料理を監修してくれる人と、粋を知り尽くしたスタッフがいたから……。あの番組には、ポール・ボキューズや、まだ無名の頃のアラン・デュカスなんかも出てくれてたのよ。

小泉　大好きでした！　見たこともない世界の料理がいっぱいで、華やかでしたよね。

芳村　水道が1本しかないようなスタジオで、皆、文句のひとつも言わずに作ってくれた。彼らがヨーロッパで番組のことを広めてくれたり、逆に、番組を見た人がヨーロッパに渡って修業してシェフになったり……。今思うと、新しいジャンルを発掘した番組だったわけだけど、私も学ぶことが多かった。そう、私は40代になっても、本当にお仕事で勉強させてもらっていたのよね。

小泉　世界を広げる時期だったんですね。

芳村　20代、30代とは違った割り切り方もできるし、責任もあるから仕事への取り組み方がしっかりしてくる。私の青春時代っていうのは、何もかもが初めてのことばかりで、目の前を流れていく川の流れの移り変わりが、いつも速かったのね。流れゆく川、つまりは〝流行〟なんだけど、その流れに飛び込んで、ほしいものを恐れずに掴んで、「やったぜ！」って思えた時が、いちばん幸せ。

小泉　うん、うん。私もそうでした。

芳村　で、40代からは、自分を確立する時期で。「私、何のために生まれてきたんだろう」とか「この仕事でよかったんだろうか」とか、そういうことを考えるんだけど、いつも考えている人というのは、「これは大事だ」というものを、次々発見できるのよ。時代の流れの中にいつでも飛び込める、そういう自分を作っておけば、いくつになってもテーマが見つかるんじゃないかしら？　私、50代は楽しかったし、60になっても別にどうってことなかった。70になった時もそうだったし、今81だけど何も怖くないわよ。キョンキョンも、きっとこれからがいちばん楽しい時なのよ。

小泉　うわー。そうなれたらいいなぁ。

芳村　身体の変わる時期だから、健康にだけ気をつけておけばね。更年期だって、きちんと身体の状態を知って対策をしておけば、何でもない。

小泉　私、その方面はすごくさぼってるから、ちゃんとやらなきゃ。はい。やります。

芳村　今はもう、女の人も自分で決められるじゃない？　生き方でも何でも、自分というもの、新しいかたちをどんどん出していい。男の人たちには申し訳ないけど、今は女の人の時代だもの。イギリスは女性首相になったし、日本では小池（百合子）さんが都知事になって……。この流れに乗るのが、損得でいっても絶対、得！

小泉　アハハ！　そのとおりだと思います。

芳村　いろんなことがあったわよね、この30年。でも、あの頃、ひとつのスタジオの中に、歌を届けるためにいた人たちが、それぞれに違う使命を持って今いるっていうのは、素晴らしいこと。キョンキョンが女優になって、演出まで手がけたりするんだから、この子はきっと他の人とは違うと感じたのは、間違いじゃなかったわ。私の歳になるまでは、まだだいぶあるんだから、大丈夫、キョンキョンなら、もっとやれるわよ！

（『ＧＬＯＷ』２０１７年1月号掲載）

〈放談を終えて〉

相変わらずというより、以前よりもずっとパワフルで美しい真理さんでした。空間を優しく支配してしまうその笑顔は神々しく、真理さんという歴史の中にほんの少しでも私が記憶されていると思ったら、胸が熱くなった。そして、この先の時間に対してムクムクと勇気が出ました。笑顔って大事！

自分から微笑めばいい

放談 15

渡辺えり

わたなべ えり
1955年山形県生まれ。78年に「劇団3○○」を旗揚げ以降、劇作、演出、出演の三役で活躍。2017年、芸能活動40周年を記念したファーストアルバム『夢で逢いましょう』を発売した。

姉と妹で、妹と姉で

小泉　この間、あるパーティーで豊川悦司さんにお会いしたんですよ。何と、あの時以来。

渡辺　え、あの時？

小泉　はい。えりさんの劇団3〇〇（さんじゅうまる）の舞台を、私が初めて観に行った時以来。あの頃、豊川さんはまだ現役の劇団員で、もたい（まさこ）さんもいらして……。私が舞台というものを観たのは、あれが最初だったんですよ。

渡辺　ちょっと郊外にある劇場に、ひとりで、しかも電車で来たんだよね。びっくりしちゃった。

小泉　フフフ。そのあと、皆さんに居酒屋に連れていっていただいて、「どの役がやりたかった？」「このお芝居にキャッチコピーをつけるなら、どんな言葉にする？」とか聞かれたりして。今思うと、あれが演劇界の洗礼でしたね。

渡辺　そのキョンちゃんが、こんなに早く舞台の演出（『日の本一の大悪党』２０１

6年6～7月上演）を手がけるとはね……。でも私、この子はいつかプロデューサーやスタッフの仕事をやるんじゃないかなって、ずっと思ってたの。

小泉 本当に？

渡辺 うん。ふつう、お芝居をやる時は「私を観てください病」っていうか、ガッと押し出してくる人が多いのに、あなたはそうじゃなくて、他の人たちがやっているのを見て楽しんでる感じで。

小泉 ああ、それはそうかも。

渡辺 それに、気もきくからね。私はキョンちゃんが10代の頃から、お嬢さんとお手伝いさんとか、そういう役回りで共演してきたけど……。

小泉 最初は、久世（光彦）さんのドラマでね。

渡辺 若いスターの人って忙しいから、人に対して態度がぞんざいになっちゃったりするんですよ。まわりに常にマネージャーが2、3人いて、「おはようございます」のひとことも言えなかったり。でもキョンちゃんは、脱いだ服は自分で畳んでたし、皆にお茶を注いで回るとか、ふつうにやってて。

小泉 「変わってる」って、言われましたねぇ。

渡辺 何でなの？って聞いたら、「このままだと、自分の鼻をかんだティッシュまで誰かが何とかしてくれる。それじゃいけないから」って。トップアイドルなのに、10代でそのことに気づいているんだから、この子は頭がいいんだなーと思いましたね。

小泉 いえいえ、とんでもない。

渡辺 だから演技もできるんじゃないかな？ お姫さまみたいな役しかできない人っているけど、あれってまわりが何もかもやってくれることに慣れて、自分で動けなくなっているわけでしょ。それがふつうになってしまうのは、ある意味、不幸なことでもあるよね。だけど、逆にその訓練ができていれば、どんな役でもできる。やれる人がやらないことを選択することはできるけど、やれない人には、そもそもできないんですよ。

小泉 あー、それはそうかもしれない……。

渡辺 演技のやり方でも、教わったことがあったなぁ。ほら、『怪盗ルビィ』（1988年公開・和田誠監督作）の時、キョンちゃん、自分のやる役が全然わからないって悩んでて。

小泉 そう、そう。そうでした。

渡辺 読み合わせにつきあって、いろいろ分析したりしたんだけど、そうしたら次の日に「あ、もう解決しました」って言うわけ。どうして？って尋ねたら、「相手役の真田（広之）さんのところを全部読んでみた。そうしたらわかりました」って、あなた、そう言ったんだよ。

小泉　うーん、どんな魅力的な女の子になったらいいかわからなくなった時、もしかしたら相手の男性にどう見えているのかってことがわかればできるのかな？と。それで、相手のセリフや感情を追っていったんですよね。

渡辺　これ、いちばんいい方法なんですよ。芝居ってリアクションだから。自分以外の登場人物のセリフを読めば、自分が見えてくるはずなの。でも、実際は自分のセリフのところしか台本を読んでこない人って、いるんですよね。そういう人は、見ているとすぐわかる。自分だけ抜きん出ようとしていて、相手を愛していないから。

小泉　確かに、こっちがどう出ようと、自分が決めたことしかやってくれない人って、いますね。そうすると、こちらも感情が動かない。

渡辺　でしょう？　相手が活きてこそ、自分が活きるのにね。でも、そういうことを、誰からも教わらないで、若いキョンちゃんが自分で掴んだってことがね……。いやー、本当に教わったわ。

小泉　とんでもない。お恥ずかしいです。

渡辺　出会った頃は、「こうやったらいいよ」って私が助言してた時もあったけど、大人になったら関係がすっかり逆転してね。今は私が「ねぇ〜、どうしたらいいと思う?」って(笑)。

小泉　フフフ。姉と妹が入れ替わったみたいにね。

戦う女は嫌われる?

渡辺　私、50の頃って何をしていたのかな……ああ、更年期障害が辛かった気がする。身体がというより、精神的に。ちょっと被害妄想的になっていて、まわりの声や態度を10倍くらいに感じてたんですよ。で、「私だけ疎外されてるんじゃないか」とか、そういうイライラが募って。40代後半からは、自分の精神との戦いでしたね。

小泉　そうだったんだ……。

渡辺　身体はまだ動くんだけど、気持ちがね。ホルモンのバランスのこともあったと思うけど、やっぱり、日本は男社会じゃないですか。若い女の人には皆親切だけど、おばさんには冷たい。私たちの世界もやっぱり同じで、達観している人なら「チヤホヤされなくなったのは、歳をとったからなんだ」って悟ると思うんだけど、私はそうじゃなくて、何か自分に落ち度があって、そのせいで隅に追いやられているんじゃないかと。もう何の価値もない、自分はダメなんだと感じてしまって。

小泉　そんな……。でも、えりさんは若い時から劇団を主宰して、書いて演出して演じてだから、けっこうキツい目にも遭ってきていますよね。

渡辺　「生意気だ」とか言われてね。ただでさえ、声の大きい人は敬遠されるし。キョンちゃんみたいな、優しい、小さい声の人ばっかりモテてさ。

小泉　そんなぁ（笑）。

渡辺　久世さんにいつも「声がでかすぎる」って怒られて、弱々しくしゃべる練習してたんだから。

小泉　フフフ。言ってる内容は、だいたい私のほうがキツいのにね。私は逆に、息が続かないから「毎日、新聞を声に出して読め！」って言われて、家でやってましたよ。北島マヤ（演劇漫画『ガラスの仮面』の主人公）みたいに。ぶつぶつぶつぶつ……って。

渡辺　アハハ。今はもう女の人たちも賢くなって、優しい声でうまく男の人たちを乗せて動かす感じになってるよね。でも、こっちは真っ向から戦う癖がついているから、本当に嫌われますよ。

小泉　うーん……でも、身体や心が変化する時期に人の態度が変わったら、「自分が悪いんだ」と思っちゃう女性って、確かに多いかも、ですね。

渡辺　海外では、歳をとった人に親切にしよう、更年期を夫婦で乗り越えようというのが教育で徹底されているけど、日本は男の人も世の中も親切じゃない。だから、日本の女性は、世界でいちばん更年期障害が重いんだそうですよ。

小泉　フランスなんか、40過ぎてやっといい女になれる、みたいな感じなのに。

渡辺　そりゃあ、子孫を残すという動物の本能を考えれば、若い女性は魅力的かもしれないけど、そこは人間として、愛情も友情もあるわけじゃないですか。その部分を伸ばして、育てていかないと、日本の女性はどんどん不幸になっちゃう。

明るさが、自らを助く

小泉　どうやってその時期を脱したんですか？

渡辺　2、3年前かなぁ。更年期障害って、ある時期を越えると、嘘のように治るのよね。その頃からだと思うけど、「自分から微笑もう」って、そういうふうにしていったんだと思いますね。待っててもしょうがない、誰かにどうにかしてもらおうじゃなくて、自分からやるんだと。そう思えたら、すごくラクになった。ほら、苦しい目に遭ったから、苦しむ人の気持ちもわかるじゃないですか。

小泉　すごい。偉い。

渡辺　いやいや、今でも修業中ですよ。そんな時に思い出すのは、やっぱり勘三郎（18代目中村勘三郎。12年逝去）さんのことだなぁ。彼はいつも明るくてニコニコしてて、共演者たちに「おはよう！」って声をかけて回ってね。

小泉　ああ、声が聞こえてきそう。

渡辺　30代の頃、彼に声をかけられて商業演劇の舞台に出たことがあるんだけど、あの時の私なんて、すごくわがままだったと思う。小劇場で好きなことをやっていて、本当はそっちをやりたいから、いい楽屋を使わせてもらったりしているのに「何でこんなことやらなきゃいけないの」って。でも、哲明（のりあき）（本名）さんは座長なのに毎朝来てくれて、「元気？」って言うのよ。「もうやりたくない」「まあ、そう言わずにがんばってよ」「しょうがないなぁ」って、思い出すと顔から火が！

小泉　フフフ。

渡辺　自分が出ずっぱりの芝居をこれからやる人が、よ？　私にはできない！　作品を何とかおもしろくするために、そうしなきゃと思ってたんだよね。全部、自分の責任だと引き受けて。

小泉　男らしい人でしたよね。

渡辺　思い出すと、今でも泣きますね。芝居には厳しかったし、ダメ出しはきつかったけど、彼のああいういいところが、私にもそろそろできなきゃいけないと。だから、落ち込んだ顔はしないし、何かしてもらったらすぐに「ありがとう」。それは、意識してやってます。そういう習慣がなかったんですよ。基本、繊細な田舎の乙女だし、テレパシーでしゃべる東北人だから。

小泉　アハハハ！

渡辺　本当は引きこもっていたいけど、それじゃただの不機嫌なおばさんにしか見えないってことに、やっと気がついたのよね。あと、美輪（明宏）さんにもしょっちゅう怒られるんだけど、心は熱く、頭はクールにって。怒らず感情的にならず、特に男の人はすごく傷つくから優しく、と。だから私、だいぶ温和になったのに、いまだに若い共演者が、まわりから言われるらしいのよ。「次の舞台、渡辺さんと一緒なの？怖いよ～」って。

小泉　ハハハ、失礼な。えりさんは稽古をやってても、ちゃんと意見を言ってくれる。そこがありがたいんですよ。ダメな時や間違えた時は容赦がなくて、それもまたうれしいことで。

渡辺　あなたは、言っても悪く取らないからね。「いじめられた」なんて思う人には、言えないもん。たぶん、慣れてないだけだと思うんだけど。

小泉　学校の先生も、今はめったなことでは叱れないって言いますもんね。

渡辺　でも、叱られないと、あとは無視されるだけですからね。ダメだと思われたら、誰からも何も言われない。手間暇かけず合理的に、ダメな人は育てないっていう、怖い世の中ですよ。

小泉　私も時どき後輩たちから相談されることがありますけど、ただ優しくすることが必要なわけじゃないんだろうなと思いますね。何ていうか、大人として認めてあげるというか、そういうやり方ができたらなぁと……。えりさんがちゃんと自分の気持ちを言ってつきあってくれるのが、私はすごくうれしかったから、自分も自分なりにそんなことができるといいんじゃないかって。

渡辺　そうだよね。そうして努めて明るくしていると、明るい人にまたちゃんと出会えたりするのよ。この前も、尾上松也君とご一緒したんだけど、あの人がまた立派な人でね。初座長なのにいつもニコニコしているし、共演者の愚痴なんか一切言わない。ちょっと哲明さんを思い出したわね。

小泉　いるんですね。そういう使命を持った人が。

渡辺　うん。だから私も、芝居でも、ひとりよがりにならず、相手がやりやすいように、キャッチボールをきちんとやろうって。それは、キョンちゃんから教わったことでもあるんだけどね。知ってる？　役者って、下手な人ほど舞台の後ろに行きたがるのよ。そうすると前にいる出演者が全員自分のほうを向いて、自分の顔だけが客席から見えるから。無意識に、そういう位置を取りたがるの。

小泉　へぇー。

渡辺　だから、どこかで演出的にというか、俯瞰で見られる客観性がないとダメなんです。主役しかやったことのない人にはそれがなかなかわからないんだけど、芝居を愛する人はいつも冷静に考えてる。「今は引いて、この人を見せよう」とか、そういう計算ができるのね。そうしないと自分が活きないのも、ちゃんと知ってて。

小泉　そういう点では、『あまちゃん』（13年放送）は楽しかったですよね。舞台人が多くて、皆、その辺をよくわかっていて。何があってもフォローし合うし、自分からNGは絶対出さないから、15分くらいの長回しがふつうにあった。

渡辺　あれは奇跡だったって、誰かが言ってたよ。

小泉　またやりたいですね、あんなお芝居。

渡辺　うん。この間の初演出舞台もそうだけど、キョンちゃんはもう、自分が好きなことをできる立場だと思うんだよね。でも、だからこそ余計に「他人がこう言うかいってほしいと思いますね。特に舞台に関しては、嘘のないかたちで。

ら」とか「これなら売れるから」とかじゃなく、本当にやりたいことを追いかけてい

小泉　そうですよね。じゃなかったらやる必要、ないですもん。勘三郎さんのように、えりさんのように、私も明るくやっていきます。

渡辺　そう。そうやって、皆で乗せ合って楽しくいることが、うれしいんだもんね。それで、たまにこうして褒め合って生きていけたらさ（笑）。

小泉　アハハハ！　そうしましょう。

（『ＧＬＯＷ』２０１７年2月号掲載）

〈放談を終えて〉

えりさんとは長いつきあいです。まだ10代だった私にも、もう50代の私にも、いつも変わらずに真っ直ぐ向き合ってくれた人。そう思うと、とても大切な人だと気づきます。何より、一緒にいると楽しくていつも私は笑っています。太陽みたいな人なのです。

力まなくても道は拓ける

放談 16

いくえみ綾

いくえみりょう
1964年北海道生まれ。漫画家。連載中の作品に『太陽が見ている（かもしれないから）』（集英社『クッキー』）など。数々の作品がドラマ、映画化され、幅広い年代の読者から支持を集める。

紙の上での「創作」を愛し続けて

いくえみ　（お互いのポートレート撮影中）すごい……何か、完璧にかわいらしいんですけど。

小泉　アハハハ、表情筋が鍛えられてますので。いくえみさんはブンちゃん（飼い猫）のお面うちわで。でも、漫画家の先生の自画像ってあてにならないですねー。ぜんぜん、お綺麗なんだもん。

いくえみ　いえいえいえいえ。

小泉　連載中の作品、全部読んでますよ！

いくえみ　猫漫画（『フィール・ヤング』掲載『そろえてちょうだい？』）を入れると、今は6本ですね。今朝も、原稿を終わらせてきました。

小泉　すごい……。『あなたのことはそれほど』（『フィール・ヤング』連載中）は、4月からドラマも（2017年・TBSで放送）。ダブル不倫の夫婦もの、漫画好きの友だちも皆読んでて、「〇巻、出ましたよ！」「今回も超怖いっす！」って言い合っているんです。

いくえみ　ありがとうございます。皆さんから「怖い」「ホラーだ」って言われるんですけど、自分の描いたものはあまり読み返さないので、よくわかっていなくて……。でもある時、頭から読み返してみたら「あ、これ怖いわ」って。

小泉　怖いですよ！　それぞれの人物の感情がものすごくスリリングで、ドキドキですよ！　大島弓子さん（『グーグーだって猫である』）や西原理恵子さん（『毎日かあさん』）を演じたことがあるんですけど、実在の人物や原作ものって難しいんです。特に、自分が読んで好きな漫画や小説だと、オファーが来ても「これ、私じゃないでしょ」とか言ったりしますね。具体的に女優さんの名前を挙げて、「ああいう人がやらないと説得力がないと思います！」って。

いくえみ　すごいですね（笑）。自分では、創作は創作と割り切って描いているんですよ。不倫の話を描いてても、不倫のことは何も知らないので、周囲から聞かれても「わかんないー」って。たぶん、物語として、紙の上で考えるのが好きなんです。子どもの頃から、それはずっとそうで。

小泉　デビューは、何歳の時ですか？

いくえみ　14歳です。雑誌のスクールに応募したのが11歳。その時はCクラスで圏外だったんですが、次にいきなり努力賞をもらって。慌てて次を送ったら、その作品でデビューが決まりました。
小泉　わっかーい……。
いくえみ　ほぼ、子どもですよね（笑）。自分でもびっくりしましたけど、でも、何となくそういう気はしていたので。というか、他には何にもなれそうにないから、自分は漫画家になるんだと、ずっと思っていました。

力まなくても道は拓ける

小泉　それから、ずーっと描いてこられて。
いくえみ　はい。高校を卒業する前くらいに初めて連載をもらって……。私は夜中に描くんですが、20歳くらいの頃は、小泉さんのオールナイトニッポンを聴きながら描いてましたよ。
小泉　わー、ありがとうございます。いくえみさんの作品を読み始めたのは17年くらい前、撮影していたドラマのメイクさんに教えてもらったのがきっかけなんです。うちは三人姉妹だったので、小さい頃は誰がどの雑誌を買うかを決めて、別マ（『別冊マーガレット』）も買ってたんですけど、デビューして忙しくなっちゃってから、情報に疎くなって……。で、その7つほど年下の彼女から「絶対いいので読んでくださいー！」と教えられて読み始めたのが、『バラ色の明日』でした。

いくえみ うれしいですね。私も姉妹なので、姉が先に買って待たされてました（笑）。

小泉 ねー。『潔く柔く』もすごかった。ひとつひとつのお話を読んでいくと、バラバラだったのに「ここにつながるんだ！」「この人、こうだったのか」って、読みながら驚かされっぱなしで。

いくえみ 実は、連載があまり好きじゃなくて。同じ話を描き続けると、どうにもこうにも飽きちゃうので、読み切りをいっぱい描こうと思っていたら、ああいうかたちになったんです。

小泉 先生の描く男の子たちがまた、カッコイイんですよ。『潔く柔く』でも、友だちと「誰がいい？　私は禄ちゃん！」「じゃあ私は」と言い合って。『おやすみカラスまた来てね。』（『月刊！スピリッツ』連載中）の善十君もいい。

いくえみ ぜんぜんダメですよね、彼（笑）。私の描く男性は、本当にそこら辺にいる人たちですけど、あんまりリアルだとつまらないから、ちょっとファンタジーを足した感じにして。モデルは、身の回りにはいませんけど、好きな芸能人とかを……。

小泉　すこーし、（奥田）民生さん入ってる時がありますよね？

いくえみ　そうですね。こんなに似せていいのかな、と思いつつ（笑）。私はくらもちふさこさんの作品が大好きなんですが、誰かに以前、「くらもちさんの描く男の人は、完璧だけど1か所ダメなところがある。で、いくえみの描く男は、全体的にすごくダメだけど、ひとつだけいいところがあるんだよね」って言われたことがありました。

小泉　アハハ、確かに！　現実には、いくえみさんが描く男性のほうが多いんでしょうけどね。「しょうがないんだけど、優しいんだよね……」「ダメだけど、顔はかわいいんだよなー」とか。

いくえみ　フフフ。

小泉　少女漫画からスタートして、今は大人向けの作品も多く描かれていますね。

いくえみ　ええ。そういえば、『バラ色～』の1回めを描いた時に、久しぶりに会った編集さんに「大人の漫画、描くようになっちゃって～」と言われたことがありました。自分では、あんまり意識していなかったんですが。

小泉　大人になっていく時って、「脱皮！」とか、そういう感じじゃなくて、ふつうに女の人がひとつずつ歳をとっていけばそれなりに変わることはあるよ、という感じですよね。私も、「こう見られたいからこういうキャンペーンを！」ということはしませんでした。まあ、最初は歌を歌っていたので、そこから女優の方にちょっとずつ、ゆっくりゆっくり重心を移して……。

いくえみ 気づかれないように、というのは、計画的だったんですか？

小泉 はい。昔なら、「ヌードになりました！」「汚れ役に挑戦！」みたいなことだったと思うんですけど、そうではなくて、脇役とか、インディーズ系の作品を選んでみたりとか。そういうことをしていくうちに何となーく、静かーに、こっち側に足が乗ってた……という感じ。

いくえみ なるほど。自分では、変わったのかな？と思ったのは、『バラ色～』を描くちょっと前の、30代に入ったくらいの時ですね。雑誌で中高生が楽しく読めるものをずっと描いていると、言葉が悪いんですが、受けが狙えるというか、だんだんコツがわかってくる。でも何か、「もう、違うものを描きたい！」と思って。

小泉 きっと、同じ場所にずっといると、何を求められているかがわかってしまうんですよね。

いくえみ 恋愛漫画が描きたくなかったわけでもないし、かといって重い話を描こうとも思っていなかった。でも何か、雰囲気で……。やっぱり、飽きていたんでしょうね。それで、読み切りで自分の描きたいものを描いて、その時は満足したんですけど、その作品はぜんぜん受けませんでした。

小泉　へぇー。

いくえみ　19歳くらいの頃にも、『バラ色〜』みたいな作品を描いたことがあったんです。でも、当時の担当（編集）さんに、「いくえみは、これからこういうものが描きたいわけ？　ぜんぜんダメなんだけど」って言われて、丸々ボツにされて……。その担当さん、デビューの頃からずっと担当してきた人で、怖かったんですよね。たぶん、向こうは24歳くらいで、今思えば若い人だったんですけど、当時はすごく大人に見えて。

小泉　わかる！　私も15で事務所に入った時、やっぱり25くらいの男性マネージャーで、「何か……生々しいんだよ！」とか思ってました（笑）。

いくえみ　アハハハ！

小泉　同級生以外だと、先生とか親くらいしか知らない世代じゃないですか。だから「ふたりでご飯とか……緊張すんだよ！」って。

いくえみ　フフフ。でも、やっぱりその時の作品を、そのあともずっと描きたいと思っていたんでしょうね。その延長上で、『バラ色〜』が生まれたんだと思います。自動書記みたいな感じでバーッと描けて、すごく楽しかった。

小泉　そういう切り替え方、すごくわかる気がします。「もうつまんないから、やらない」って、スパッと言える人もいるじゃないですか。ぶつかりながら生きていける人を見ていて、「すごいなぁ」「うらやましい」と思ったりもするけど、私は人に怒られるのも嫌だし、怒るのも苦手で。

いくえみ 人と喧嘩できる人じゃないと、ダメなんですよね。私も、できないです。

小泉 つい「ごめんなさい」って言っちゃう（笑）。でも、人に言われて「あ、そうか」と、すぐに方向転換するのもまた、違う気がするし。ただ、怒られたり、何か言われたりしたことをあとから振り返って、「あ、何年か前に言われてたのって、こういうことだったんだ」と思ったりすることも、あるんですよね。言葉が届く時とそうでない時があって、そう言われたから考え始めるっていうこともあり……。だから、バシッと決められない時は、その読み切り作品みたいに、試せる場所で探しながらゆっくりゆっくり動いて、少しずつ変わっていくっていうことしかないんじゃないのかな？って思いますね。

衝撃の「隠居宣言」!?

いくえみ 個人的には、50歳は何気なく迎えちゃったな、という気がしています。40

歳になった時は「ああ、もう40かぁ」と思ったんですが、50は、開き直りですかね(笑)。むしろ母が「娘が50代って……」と、ショックを受けてました。

小泉　フフフ。

いくえみ　「もう50なんだから、仕事を減らしなさい」「何で今、増やすのよ」って。

小泉　今が、いちばん多いんですよね？

いくえみ　そうですね。いろいろ描いてみたいものもあって、声をかけていただいたりもして……。スランプというのも、あったのかもしれないですけど、過ぎたことはわりと忘れるタイプで(笑)。今まで、年に4か月休んだのが最長で、あとはほぼ、ずーっと変わりなく描いています。

小泉　すごいなぁ。5つのストーリーが、同時に頭の中にあるなんて、考えられない。

いくえみ　同時にではなく、順番に出す感じです。ネーム（絵コンテ）やって、原稿やって、終わったらまた次のネームを……と。でも、どうせなら、もっと若い時にやっておけばよかったと思いますよ。今は体力的にキツくて、それだけが心配で。体力が落ちると、気力がなくなってくるので。まあ、あと数年で隠居かなぁと。

小泉　隠居！

いくえみ　願望、ありますよ。忙しい時に「もうダメだぁ」「やめよう」「やめたら何しようかな」って、考えたりします。まあ、でも、描きたいものはあるので、現実的には、ペースを落として描くっていうことになると思いますけど。

小泉　びっくりしたー。そうしてください！　でも、ずーっと描いてこられたんですもんね。

いくえみ　自分で言うのもなんなんですけど、気負いがないというか、あんまり深く考えていなくて、その時どきにできることをやってきただけなんです。「こうしなきゃ」「がんばろう」とも思わずに、自然に描いていたらこうなった……。でも、ふと思ったんですけど、私、中学校とか高校とかの生活をすごく楽しそうに描いてきたんですけど、自分自身はすごく学校が嫌いだったんですよね。

小泉　へぇー。意外。

いくえみ　小さい頃から、頭の中でいつもいろんなことを考えてて、先生に「この子は何を考えているのかわからない」と言われて、「わかんないだろうなぁ」って(笑)。ふつうに通ってて、友だちもいたんですけど、学校に行くのはすごく面倒くさかった。義務として行ってた感じで。

小泉　私も。中学の頃とか、学校が家の近くで、朝、友だちが来て「行こうよ」って窓ガラスをノックするんだけど、「えぇ～、今起きたばっかりなのに」とか言って

(笑)。ほんと、ダメでした。

いくえみ　ずる休みしてたら、友だちが庭から部屋のほうに回ってきて、ガラス越しに目が合ったことがありましたね（笑）。ただ行きたくないだけで、そっとしておいてほしかったのに。

小泉　わかります。今も、街で知り合いが向こうから来た時、相手が気づいてなかったら「今日は……いいや」ってスルーしたりしてます（笑）。

いくえみ　フフフ。そういう時は仕事のことも考えないで、猫と遊んだり、ゴロゴロしたりして。

小泉　猫がいることって、やっぱり大事ですか？

いくえみ　邪魔な時もあるんですけどね（笑）。原稿を描いていても、お構いなしだから。いない時期もあって、その時は仕事が超進んだんですが、猫がいて仕事が進まない生活と猫がいなくて進む生活だったら、私はいるほうがいいなって。

小泉　そうかぁ。うちは死んじゃって4年で、今は猫不足。きっと、猫がいるから描けるんでしょうね。14歳からだから、漫画家生活も……。

いくえみ　そろそろ、40年近くですね。

小泉　お祝いとか、なさるんですか？

いくえみ　いいえ、何も。もう、そっとしておいてほしいです（笑）。

小泉　ですよね。私もです（笑）。

（『ＧＬＯＷ』２０１７年４月号掲載）

〈放談を終えて〉

お会いできるとは思っていなかった人。漫画を読んで一方的に親近感や憧れを抱いていた人。だから夢のようで、私は中学生女子みたいにフワフワとした気分でそこにいました。色が白くて壊れてしまいそうなくらい華奢な身体であの力強い作品を描いている、しかも14歳の時からずっとなんだと思ったら泣きたくなりました。これからもずっと読みます。好きです。会ってくれてありがとうございました。

「私でいいの？」は、もういらない

放談 17

増田令子

ますだ れいこ
1963年埼玉県生まれ。33歳でバー「カスバ」を開店、ファッション界、芸能界などから数多のゲストが集う。「渋谷のラジオ」（87.6MHz）の月1パーソナリティーも務める。

すべてを肯定してくれる人

小泉 こんな明るい時間にここに来るのって、思えば、初めてかも。

増田 会うのも久しぶりだね。暮れ以来だっけ？

小泉 近くで舞台の稽古してて、そのあと飲んで、ベロベロに酔っ払ってなだれ込んで……。昔はそうやって、店のその辺で寝ちゃって、ハッと起きるとバイトの子が心配そうに覗き込んでて、「ごめん……帰るわ！」ってこともあったよね（笑）。

増田 フフフ。

小泉 最初にここに連れてきてくれたの、誰だったかなぁ。「バニラ」（「カスバ」の前身）の頃だから……古すぎて思い出せない（笑）。始めてから、もう何年だっけ？

増田 21年。「バニラ」を入れると24年。

小泉 そうかー。とにかく、誰かに連れてこられて、それから自分でも……。もともと、ひとりでお酒を飲むって習慣があんまりなかったんだけど、やってみたら、意外と酒癖が悪かったんだよね。

増田　アハハハ！

小泉　でも、令子はそれを肯定してくれたんだよ。「普段、まわりに気ぃ使って生きてるからだよ。そうならないと逆に変だよ、人間として」って。そうか、そうなんだ、それでいいんだって。そういう肯定感が、すごくある人。はっきり向き合ってくれるっていうか、本気で言ってくれる。

増田　「違うだろ」って、言う人には言うけどね（笑）。今日子、すぐに打ち解けるタイプじゃないじゃない？　用心深くて。ほら、猫ちゃんだから……。そういう、心を開かなそうな人に、グイグイ行くのが好きなんだ、私。偉い人とかよりも、いつもその隣にいて黙ってる人とか、カウンターの隅でひとりでいる人が気になる。

小泉　こういう、面倒見のいい人だから。今も若い子がそうしてるけど、ここに来て、話聞いてもらって、映画とかいろんなものを教えてもらって……。「カスバ」はある意味、登竜門なんだよね。

増田　男女問わず、ね。

小泉　男女問わず。いろんな人とつなげてくれたのも大きかったなぁ。だから最初の頃は、ほぼ毎日みたいな勢いで来てた。朝まで飲んで、「お腹すいたねー」って、店を閉めてから近くのファミレスで朝ご飯食べたり、公園に行ったり。

増田　公園にいるホームレスの人と話したりとかね。「これから面接に行くんだ」「上着、持ってんだ！」「ちゃんと行きなよー」って。

小泉　家に帰っても、まだ携帯電話のない時代だったから、イエデン（家電話）で長電話して。

増田　私が仕事終わって帰った頃に起きてるのって、今日子くらいしかいないんだもん。私も私で、今日子には言いやすいみたいなことがあって、他の人には言えない話を聞いてもらう。で、心の中に引っかかってたものを全部下ろして、「ああ、これで寝られる」って寝るの（笑）。今も、店にいて、ちょっと気持ちが弱ってると、「ああ、今日子来ないかな」って思う時があるよ。

小泉　ほんと？

増田　性格的に姉御肌で、っていうのもあるかもしれないけど、今日子って、入ってくる時の感じがすごく独特。ちっちゃいのに、貫禄がすごいの。「うおっ、サブちゃん来たよ！」みたいな。

小泉　アハハ！　♪ま〜つりだ、まつりだ、って。

増田　うん。どーんとしてて。「ああ、何か、ほっとするぞお前！」って、いつも思う。

小泉　あとは、ご飯食べたり、令子の家に泊まったり……。旅行に行ったこともあったよね。

増田　アメリカ。ルート66の旅。私が行きたいって言い出して、仲間たち6人で。

小泉　アリゾナまで、飛行機で行って、車借りて。

増田　そう。今日子と私がサンタフェまで運転するつもりが、行く前『テルマ&ルイーズ』をずっと観てたから、完全にその気になってたけど、即運転挫折！（笑）。安いモーテルに泊まったら、汚いし、真冬なのに暖房が効かなくて、「酔っちゃえばわかんなくなるから！」って、皆でウオッカ、バカバカ飲んで。

小泉　アハハハ。そんなこんなで、もうすぐ四半世紀か。あの頃、店に来てた人たちは皆20代とか30代で、仕事もそれぞれにがんばってた頃だから、単なる交友関係だけでなく、世界が広がっていくって実感があったんだよね。それで、それぞれ仕事がんばって、最後に部室みたいな「カスバ」に寄っていく。そうすれば、誰かに必ず会えるから……何ていうか、すごく〝青春〟感があったなぁ。

囚われの身から自由になって

増田　私、ファッションが好きで、もともとはアパレルにいたんだけど、会社っていうのがどうも向いてないみたいで（笑）。クビになって、友だちのツテで銀座のクラブでバイトしてて、そのあと六本木に移ってそれなりに楽しくやってたんだけど、26の時、やっぱりちょっと考えて……。

小泉　うん、うん。

増田　この先、ママになる柄でもないしなーと思ってた時に、「ゴールド」（ディスコ）の6階の会員制ラウンジを仕切る女将が決まってないって話をラジオで聞いて。誰がやるんだろうと思ってたら、たまたま会った知り合いから「令子ちゃん、連絡取りたかったんだよ。女将やらない？」とか言われて「うっそー、やったー！」って。

小泉　シンデレラだね、まさに。

増田　「なっちゃったよ、私！」って。26で、超怖い業界の人相手にね……あー、怖かった（笑）。

小泉　フフフ。で、30代になって、自分のお店を。

増田　「バニラ」を3年やって、33で「カスバ」を。33歳って、けっこうスタートになる歳だって、人からも言われたことがあったんだよね。その時はまだ20代だったから、「へぇー」って思っただけだったけど。今日子は33歳、何かあった？

小泉　私は、それこそアリゾナとか旅してた頃だよ。あの頃はほら、家に帰りたくない事情がありましてねぇ……（笑）。

増田　ハハハ、そっか。

小泉　離婚しよう、しようと思ってて、そこから5年くらいかかって。そういえば、40になる前の年の暮れ、私にしては珍しく毎晩飲み歩いてて、最後の日、たどり着いたここで飲んでたら、鼻血が静かにツーッって流れてきて……覚えてない？

増田　そんなことあったっけ？

小泉　あったよ！　それで、鼻にティッシュ詰めて、「私、まだいけるかも」って思ったんだよね。

増田　アハハハ！　ウケる！　いい話。

小泉　40代、これでいけるぞと。令子も、よく泣いてたよね。カウンターで。

増田　うん。恋愛で悩んでる時、わざとユーミンとかかけて、はまってた（笑）。

小泉　結婚したのは、いくつの時だっけ？

増田　47。今年で6年。

小泉　6年かぁ。やっぱり変わった？

増田　うーん……ああ、でも、気持ち的には、めちゃくちゃラクになった。

小泉　おもしろい子に出会えたよね。若いし、何か「本当かな？」と思うところもあったけど……。

増田　16年下だけど、大きくってね。包容力があるって、こういうこと?って。ああ、人には頼ってもいいいんだなぁって思っちゃいましたね。

小泉　第一線ですごくいい仕事をしてる人だっていうのも、奇跡じゃない?

増田　結婚は、ずっとしたかったんだよね。まわりからも「こだわってるね」って言われてた。

小泉　そう、意外と古風でね。でもたぶん、私たちの世代って、まだそこに囚われてたんだよ。「女は結婚して一人前」みたいな価値観を植えつけられて育ったから。

増田　別にしなくたっていいんだけど、でも何か、どこかでずっと「だから私、結婚できないのかなー」って思ったりもしてた。結婚が決まった時は、「え、私でいいの?」なんて。

小泉　そっか……。でも、令子がそのまんまでいいんだと思えたっていうの、すごくいいと思う。

増田　そうだね。40代、よかったと思うよ。経験も積んできて、いろんなことわかってるし。今、店に来る子で、40ちょいの子には『もう（40）』じゃなくて、『まだ』だから!」って言ってる。ぜーんぜん、若いんだよって。

「私でいいの？」はもう、いらない

小泉　50の誕生日は、どうしてたの？

増田　えーと、皆でご飯に行って、そのあとここへ来て……あんまり覚えてない。

小泉　毎年、パーティーやってるよね。

増田　セレモニー好きだからね。私ね、まあこ（近田まりこ・スタイリスト）さんから「令子、50って大変だよ」って聞かされてたんだよ。それまでの自分の不摂生とかが全部出るんだからって。でも、40代初めの頃は何とも思わなくて「あ、そう」って聞いてたんだけど、49の時、やっぱり「あれっ？　体調わるーい」って。

小泉　ああ、言ってたよね。

増田　気分も暗いぞ？　と思ったら、ホットフラッシュがすごくなって、これが更年期か！と。でも、抜けたら平気だとも聞いてたから、早く50になってくれないかなぁって。なのに、去年くらいに病院で調べたら、ホルモン値が全然下がってなくて、お医者さんからも「まだ更年期じゃない」って言われた。何だったんだろうなぁ。

小泉　自律神経とか、不調だったのかもね。

増田　そうだね。その時一瞬、キツかったんだけど、今はぜんぜんなくなりました。この先、50代も後半になったら、どうにかなるのかな。

小泉　どうなるのかね……。未知の世界だわ。

増田　だから、今はまったく。心配といえば、いつまでハイヒールはけるんだろうか?とか、そういうことですね。心配は基本、服のこと。

小泉　フフフ。

増田　あと、この先、自分の顔にシワとかが増えていくのを、受け入れていけるんだろうか……と。もちろん、受け入れなきゃしょうがないんだけど、何もいじったりしないで大丈夫なのか、とか(笑)。私、女はずーっと女だ!と思ってるので。

小泉　そういうところ、偉いよね。私は放っておくと、ぜんぜん磨かなくなっちゃうほうなので……。今もパーティーとかあると、コーディネイトを令子に頼ってるし。「任せた。もう何でもいいから持ってきて」って。

増田　そういう時、「任された!」って、楽しい気持ちになっちゃう。でも、いい歳のとり方をしてる人を見ると、「あ、このパターンでいけばいいんだ」って思ったりもするんだよね。

小泉　うん。この対談も、今まで古いロールモデルしかなかった50代を変えたいなぁと思って……。いろんな人に話を聞いて、あとから歩いてくる人たちが「そうか、この手でいけばいいんだ」っていう、参考になればいいなと。

増田 なるほどね。確かに、ファッション誌とか読んでて、いまだに自分で自分のブランドの広告に出ているヴィヴィアン（・ウエストウッド）を見ていると、迷いもなさそうだし、この人楽しいんだろうなーって思う。エレガントにパンクで、ずっといけるじゃんって。

小泉 うん。彼女、カッコイイ。

増田 私の場合は、変えたいってことはなくて、たぶん、ずっとこのままなんだと思う。店、80までやろうと思ってるんだよね。もしくは50年。

小泉 いいなぁ。目標っていうと、私は今、迷走中だな……。もちろん一所懸命やっているけど、本気で俳優をやろうっていう人には敵(かな)わない気がするし。だから今は、すごくいい才能を持っているのになかなか見いだされない人を応援するのがわりと楽しい、かな？ 生きがいじゃないけど、自分が単体で評価されるより、そういうことをしている時のほうが、心が踊る感じ。たぶん、今まで恵まれすぎてて、それこそ「私でいいの？」っていう気持ちが、ずーっとあったから。

増田 気がついたら20年とか経ってたけど、今も相変わらず楽しいよね。先輩たちがいなくなるのは寂しいけど、若い子はどんどん増えていくじゃない。いいよ、若い子。

小泉 うん。私も、同じ作品で10代の役者さんとかと一緒になって、何考えてるのか聞けたりすると、すごく楽しい。かわいいよね。

増田 でも、若い子だけでも疲れちゃうから、同い年くらいの友だちは大事。……ねぇ、一緒に酔っ払ってた頃、よく「じゃ、一緒に死のっか」みたいなこと、言ってたよね。

小泉 あー、言ってた言ってた。

増田 いいところで死ぬっていうのが、いいんじゃないかって。若い頃は、そういうのが美しいと思っちゃうじゃない。でも今はそれがなくなった。

小泉 なくなったねぇ。やっぱり、あの頃は先が未知すぎて、結婚とか仕事とか、そういう目先のことがいつも頭にあったでしょ。で、それが思うようにならなかったりすると、「もういいよ……」って気分になって。でも今、この年代になると、生きるってことのほうが、ずっと強くなってる。もちろん、いつ死ぬかはわからないし、いつまで生きたいのかもよくわからないけど、どうせ生きるなら、生涯現役。で、どう生きるか?と。

増田 うん。ちょっと楽しみだなって思う。ホットフラッシュもなくなったことだし(笑)。

小泉 フフフ。身体が元気だと、心も元気だもんね。

増田　この服を着るためにがんばんなきゃ！とか……やっぱり服ありき、なんだよね（笑）。でも、まだ物欲があるって時点で、いいやと思える。何でもかんでも「いらなーい」とか、そういうふうになっちゃうと、人生、つまらないなって。

小泉　そうだね。そういうところ、見習いたい。こうやって皆で50代になって、それでも元気で、相変わらずお洒落をして……っていうの、すごく励みになる。ほんと、いつもありがとう！

（『ＧＬＯＷ』２０１７年5月号掲載）

〈放談を終えて〉

令子は話をするのが大好きだ。子どもの頃の話から家族のこと、恋のこと、友だち、仕事、何でもおもしろおかしく話してくれる。20年間かけて話を聞いてきた私は令子のことを何でも知ってる（笑）。大人になってから出会ったけれど幼馴染みたいな人。これからも死ぬまでいろんな話をするんだろうな。80歳までカスバ続けてね。私も長生きします。

もっと自由でいてほしい

放談 18

淀川美代子

よどがわ みよこ
出版社マガジンハウスにて『オリーブ』『アンアン』をはじめ『ギンザ』『マイシャ』の編集長を歴任し、女子文化をリードしてきた伝説を持つ現役の名編集長。現在は『クウネル』に全力投球中。

世にいる「ふつうの女の子」として

淀川　お久しぶりです。髪、切られたんですね。

小泉　はい、ドラマが終わったので。エヘへ。

淀川　よくお似合いです。小泉さんには『オリーブ』の頃から、作っている雑誌によく出ていただいて。私が『オリーブ』から『アンアン』に移った1号めでも、確か髪を切っていただきました。

小泉　そうでした。『オリーブ』に声をかけていただいた頃って、まだアイドルがファッション誌に出ていない時代だったんです。だから「オリーブに出られるんだ！」「アンアンにも！」って、いつも、すごくうれしかったなぁ。

淀川　フフフ。私が小泉さんのことを知ったのは、たまたま聴いていたラジオでなんですよ。『渚のはいから人魚』のリリース（1984年）の時にゲストで出演されていたんですが、誰にも言わないで刈り上げみたいに髪を短く切ったという話をしておられて、「うわぁ、この人、いいな」って。

小泉　事務所には一応、「今から髪を切ってきます」とは言ったんですけどね。「どのくらい？」「わりと短く」って言っておいて、帰ってきたら皆がびっくり（笑）。「えー、だって切るって言ってたじゃん！」と、確信犯的に。

淀川　大胆ですよね。

小泉　当時憧れていたモデルさんたちもアーティストも、皆ショートカットでかわいいのに、「アイドル界、遅れてる！」って気持ちに、すごくなっていて。まぁ、自分でも勝手に固定観念に縛られて、「こういう髪形でないとダメなんだろうな」と思っていたんですが、1年くらいやってみて「いや、そうじゃないんじゃないか？」と。

淀川　そのあたりの感覚が、ふつうのアイドルと違っていたんでしょうね。

小泉　逆に、当時、世の中にいたふつうの女の子たちとは、同じだったと思いますよ。あの頃は、今ではパリで活躍しているスタイリストの水谷美香さんに、よく遊んでもらいましたねぇ。

淀川　おふたりはよく似ていて、姉妹みたいで。

小泉　フフフ。お洋服を集めに行く時にも連れてってもらって、美香さん、「新しいアシスタントの子だから」とか言って、荷物持たせてくれて。そういうのが、すごく楽しかったんです。自分が日常いる世界と、ぜんぜん違っていたから。

淀川　遠慮がないですよね。『オリーブ』でも『アンアン』でも、強かったのはスタイリスト。私も、まったく太刀打ちできなくて（笑）。

小泉　『アンアン』で髪を切った時は、スタイリストの堀越絹衣（きぬえ）さんとメイクの渡辺サブロオさんが大喧嘩して。「僕はこうしたいんだ」「それじゃいつもと変わらない！」って言い合ってて、私、どうしようって黙って真ん中に座ってたら、「だいたい、あなたが何も言わないからいけないのよ！」って叱られました（笑）。

淀川　アハハハ！　でも、皆、大好きな人たちです。水谷さんに堀越さん、西野英子さん、貝島はるみさん、山本ちえさん、近田まりこさん……。

小泉　大森伃佑子（ようこ）さんも！　不良っぽくしなくても、お洒落ってできるんだとか、逆に不良っぽさを残しても、上品でかわいくなれるとか、毎号、ドキドキしながら読みました。あと、「このスタイリング、好き！」とか、「メイク、やっぱりこの人だ！」って、雑誌でクレジットを見るようになったのは、『オリーブ』や『アンアン』からでしたね。それぞれ、自分のスタイルがあって。

淀川　いつもいつも、刺激的で。でも、そういう人たちとおつきあいができたことは、小泉さんにとってもよかったんでしょうね。

小泉　はい。芸能界にもいろいろ楽しいところがありますが、そこだけにとどまっていると、どうしても世界が狭くなってしまう。雑誌を通していろんな大人に会うことで、どんどん世界が広がっていく、そんな感じがしていました。

淀川　ちょっと、学校みたいでしたよね。私にとっても、まさにそういう時代でした。

合言葉は「これからだわ」

小泉　そうして、時どき『アンアン』に呼んでいただいているうちに、エッセイも書かせていただくことになって……。

淀川　「パンダのａｎ・ａｎ」。あれを書いていただけたことは、私の編集者人生の誇りなんです。

小泉　そんな！　あのご依頼がなかったら、私、一生文章を書いてなかったかも……。

淀川　いえいえ。いずれ書いておられたと思いますが、きっかけが『アンアン』だったというだけで。

小泉　作文は好きでも「、」の打ち方、「。」のつけ方すら知らなかったから、「絶対に間違えますから、誰かにきちんと見ていただけるなら」ってお受けしたんですけど、『アンアン』って、月2回の発行だと思っていたら、実は週刊誌で。「わー、自分で自分の首絞めてる！」って（笑）。

淀川　フフフ。当時は手書きで、その原稿をファクスでいただいて、写真もポラロイドの現物をいただきに行って、ですからね。でも、小泉さんは一度も締め切りに遅れなかった。優秀です。

小泉　本当ですか？　自分では毎回、遅れてた気が……。確か、いつも朝に書き上げて、ファクスをお送りしてから、ポラロイドをマネージャーの家のポストまで届けに行ってました。

淀川　「パンダのａｎ・ａｎ」っていうタイトルも、小泉さんがつけてくださって。

小泉　『アンアン』の表紙のパンダのロゴを見た時に、思いついたんですよね。そういえば私に「キョンキョン」っていうあだ名がついたのは、上野にパンダが来た時だったなぁって。

淀川　へぇ。どなたがつけたんですか？

小泉　近所のおばさんです。「ランランとカンカンなら、あなたはキョンキョン」と。

淀川　そうだったんですか。いいタイトルですよ。小泉さんの文章には何というか、エスプリがあるっていうのか……毎回、すごくよくて、いつもすぐ感想を書いて送らせてもらいました。「今回も素晴らしい！」って、上から目線ですけど（笑）。

小泉　アハハ。毎回、励ましていただきました。

淀川　世間の話題になるセンセーショナルな記事は、ちょっとがんばって運がよければ作ることができる。でも作品を書いていただくのは、まったく別のこと。だから、すごくうれしかったんです。そして、連載の最中に結婚されたんですよね。

小泉　そうでしたね。永瀬（正敏）さんと知り合ったのも、思えば、『アンアン』の取材でした。

淀川　私が担当させていただいたんですよ。確か「デート」という特集。その時初めて会ったおふたりが、撮影の合間にコソッとお話されているのは目撃しました（笑）。

小泉　はい、それで結婚しちゃいました（笑）。一応、正装で誌面で報告を、と。

淀川　かわいかったですよね。あの記事は間違いなく、『アンアン』の歴史的な1ページ。そうか、あの時、30歳だったんですね。私、年齢のことでいちばんショックを受けたのは、実は30歳になった時だったかもしれません。当時の編集長に「何歳になったの」って聞かれて「30です」って言ったら、「えーっ！」って。

小泉　ひどいなぁ。

淀川　そうでしょう？　フフフ。

小泉　30歳の誕生日のことは、よく覚えてます。ちょうど新婚旅行中だったんですけど、15から仕事を始めて15年経ったんだなぁ、もう何もなかった頃の小泉今日子より、こうなってしまった小泉今日子のほうが、これから長くなっていくんだなって。だから、その前の15年のことは、すごく大事にしなくちゃと思いました。「もう戻れない」とかじゃなくて、その15年を宝物にしていこうと。

淀川　私が小泉さんをいいなと思うのは、こうした自分の言葉とか、自分の発想をきちんと持っているところ。それが文章にも表れていたから、エッセイで、私は何度もハッとさせられたんですよ。

小泉　わー、うれしいです。

淀川　私もそれからずっと編集者をしてきて、50になった時は、逆に「これからだわ」って思いました。本当、これからなんですよ、50代は。

流されないよう、自分で立って

小泉　今は、50代の女性に向けて雑誌を作られていますよね。『クウネル』。

淀川　「自由に生きる」というのをテーマにしています。リニューアルした最初の号（2016年3月号）で、フランスの50代の女性たちをたくさん取材したんですが、皆、自分がいちばん大事で、いつも恋愛したい人たちで。ああ、こういうの、いいなぁと思いました。

小泉　おおー。さすがフランス。

淀川　まあ、恋愛第一主義でなければ、とは思わないんですけどね。パートナーがいなくても、楽しく生きられますから。日本の50代も、自由になっているとは思いますが、でも、もっともっと自由でいてほしいんです。お洒落もしてほしいし、インテリアも。お金をかけなくても素敵に生きる、そんな年代であってほしいですね。だって、若いんですよ、今の50代は……ほら、見てくださいよ、こんなふうに。

小泉　はい、51歳になりました（笑）。「幼い」と言われちゃうかもしれませんけど。

淀川　いえいえ。今日の「サカイ」のお洋服も素敵だけど、好まれる洋服も、昔とぜんぜん違っていて、若い人のブランドもどんどん取り入れる。まぁ、まだ一部の人のことかもしれませんけど、でも、その一部を目指して雑誌を作っていけば、だんだんに広がっていくんじゃないかと。

小泉　そうなんですよね。作る側が思い切って「ここ！」と思って狙いを定めて作ったほうが、メッセージは浸透する、というか。

淀川　小泉さんにしても、ご自身で「こういう人間でいよう」と思っておられるから素敵なわけで、「あの人に好かれよう」「この人にも」と思っていると、誰からも好かれない人になってしまう。

小泉　そうですよね。皆、思うように生きれば……。私は、50歳になった時に、会社を作りました。今後、やりたいことをやっていくために。

淀川　やっぱり、50代の鑑ですよ。つくづく、稀有な存在だと思いますね。何をやっても「小泉さんなら」と、まわりが許してしまうのは、資質であり、天性であり、実力でもあり……。

小泉　いえいえ、やっぱり、スタッフを含めて、周囲に恵まれてきたんだと思います。

淀川　でも、どんなに恵まれていても、自分でちゃんと立っていなかったら、流されてしまいますから。判断する基準を持っていることって、やっぱり大事ですよね。だから、50代の方は「もう50」でなく「まだ50」。がんばってほしいです。

小泉　素敵な50代に会うと、刺激になりますよね。

淀川　そうですね。それと、刺激といえば、私たち、ね……韓国好き、なんです。

小泉　はい、そうなんです（笑）。淀川さんからはいつも、「これは観たほうがいいですよ！」と、教えていただいてて。

淀川　『星から来たあなた』（キム・スヒョン、チョン・ジヒョン主演）、ご覧になりましたか？

小泉　最高でした！　宇宙人の男の子が女優と恋に落ちて、それが過去生にもつながってて……。

淀川　このドラマは特別に、インテリアとかファッションが、すごくかわいいんです。

小泉　ちゃんとした体制で作られたドラマって、夢を見させてくれるんですよね。お洋服も、普段はこんなのとても、っていうのを思い切って着せるし、メイクもすごくかわいい。

淀川　私はK－POPから入ったんですが、映画もすごくよくて……。ベスト３は『怪しい彼女』『サニー　永遠の仲間たち』、それと『息もできない』。あれは、何度観ても、泣いてしまう。映画を観ていて、「これ、小泉さんに演じてほしい」と思ったことが、何度もあるんです。

小泉　フフフ。リメイク版にオファーが来たこともあるんですが、「原作を尊重したいので」と。

淀川　そういうところが、またいいんですよね。韓流好きと知れ渡っていて、韓流スターとの対談を申し込まれても、断られるとか。

小泉　「好きなままでいさせてください」って（笑）。ファンミーティングとかには、実はこっそり行ってみたいんですけど。

淀川　仕事先の人とか、意外な人に会ったりするんですよ。私もある人のファンミーティングにずーっと行ってたんですが、結婚して子どもも生まれたから「もういいや」って（笑）。好きなK－POPのアーティストも、今、入隊しちゃってて。

小泉　帰ってきた時に短髪でドラマに出ていると、「がんばって！」って思いますよね……って、ああ、止まらない（笑）。

淀川　フフフ。私ももっとメールとかご連絡、したいんですよ。でも、すごくお忙しそうだから……。雑誌でのおつきあいが少なくなってからも、小泉さんの舞台は拝見していて、いつもすごくいいなと思う。映画にもテレビドラマにも、もっとどんどん出ていただきたいです。

小泉　そうですね。ドラマは、私より若い世代の人が今、すごくがんばっています。

淀川　脚本家がスターですよね。小泉さんも出ていらした『あまちゃん』の宮藤官九郎さんしかり。

小泉　そうですね。もっともっと、そうなってほしいです。で、役者は、適材適所。「この人が出るから」ではなくて、「この脚本だから、この人に」という、昔のあり方に戻ってほしいなぁと。

淀川　ああ、それはいいですね。

小泉　雑誌も、楽しみにしています！

淀川　ありがとうございます。『アンアン』の頃のように、毎日ひとつ事件が起こるような刺激的な時期は、自分の中ではもう通り過ぎています。ウェブの時代になって、雑誌はひとつの役割を終えたのかもしれない。それでも、派手でなくても、地道にやっていけたらなと思っています。

（『GLOW』2017年6月号掲載）

〈放談を終えて〉

私にとってずっと先生みたいな人。いつも恩師に会うような気持ちです。ずっと雑誌を作ってきて、今も変わらず現役でいること。そして、いまだに攻めているところが本当にカッコイイ！　でも、穏やかな口調とかわいらしさも健在で憧れます。またゆっくりご飯でも食べながらキャッキャッと韓流ドラマの話がしたいです。

“今を生きる”感が強まった

放談 19

甲田益也子

こうだ みやこ
2月7日生まれ。モデルとして『大人のおしゃれ手帖』『クロワッサン』などの雑誌で活動。歌唱活動も続行中。情報はhttp://miyakoda.tumblr.com/

クリエイティブって、おもしろい！

甲田　かなり以前に、小泉さんのラジオ番組に呼んでいただいたことがあったんですが、お会いするのはとてもお久しぶり……というか、一対一で、というのはほぼ初めてですよね。

小泉　はい。私は個人的に、甲田さんがヴォーカルをなさっている「dip in the pool」のライブを観に行った時にご挨拶をさせていただいたり。あと、共通の知り合いのミュージシャンが多かったりして。

甲田　お世話になっているスタイリストさんやメイクさんも、同じ方だったりしますよね。

小泉　そうなんです。だから、何となく同じサークルの憧れの先輩、という感じに勝手に思ってまして。私が拝見してきた甲田さんって、何かあの、いい意味で人間っぽくないというか、ちょっと植物っぽいというか、ヨーロッパの少年みたいな、というか……。「こんな人、見たことない」というタイプの美しい人の、最初だったんです。

甲田　そのイメージはきっと、淀川（美代子・編集者）さんや、『アンアン』のイメージのおかげでしょうね。外国の血は特に入っていないと思うんですが、そういえば、父の兄弟にすごく外国人っぽい人がいましたね……。たどっていったら、どこかに関係しているのかも。フフフ。

小泉　モデルの仕事は、いつからですか。

甲田　大学生の時、資生堂の『花椿』の表紙モデルの公募があったんです。母が「こんなのがあるけど」って、募集要項の切り抜きを送ってきて。たぶん、当時住んでいた寮の上の階にいた写真部の先輩にモデルをやってほしいと言われたことがある、という話をしたせいだと思うんですが、普段はそういうことを勧めるタイプの人じゃなかったので、「へぇ」と思ったんですよね。

小泉　運命動いた！って瞬間ですね。

甲田　そうなんですよ。そうして表紙に載ったのですが、それがきっかけで声がかかった別の撮影で知り合った、ヘアメイクの渡邉晴夫さんから「『アンアン』で読者モデルを探しているんだけど、やらない？」と言われて。でも、自分ではずーっと、モデルは向いていない向いていないと思っていたんです。

小泉　そうなんですか？

甲田　ええ。ただ、20代半ばくらいの時に『アンアン』で、画家の金子國義さんの世界をヴィジュアルで再現するという特集があって、その撮影がすごかったんです。カメラが久留幸子さんで、スタイリングが檜山カズオさんだったり、メイクが渡辺サブロオさんだったり……。

小泉 ああ！　こだわりのある人たち。

甲田 そうなんです。雑誌の撮影はたくさんやってきて、よく知っているはずなのに、その時はぜんぜん違っていて。すごく深くて、こういう撮影があるんだ！と。クリエイティブのおもしろさに触れた、ということだったんでしょうね。

小泉 その感じ、わかる気がします。

甲田 おもしろいなと感じるのと同時に、この世界で一流の人たちの仕事に参加させてもらったということが、ちょっとだけ自信にもつながったんだと思いますね。「この仕事、やってていいんだ」「私でいいんだ」って。それでやっと少しずつ、やる気を出せたということでしょうか。

変わり者のマイペース

小泉 音楽のほうは、どんなふうに？

甲田　「dip in the pool」としては、1985年に日本で最初のシングルを出しているんですが、音楽活動自体は大学時代に誘われて……って、モデルの時と同じ感じですね（笑）。知り合いから「見た目のバンドだから、演奏はできなくてもいいから」と呼ばれまして。

小泉　アハハハ！

甲田　それで、ちょこっと参加したんです。バンドは何の成功もせず、練習したくらいで終わりましたが、そこで「dip～」を一緒にやることになる木村（達司・コンポーザー、プロデューサー）と出会ったんです。

小泉　「dip～」のライブも、映像を使った、すごくクリエイティブなものでしたよね。「綺麗だ——……」って眺めてた記憶が。甲田さんの声がまた、本当に素晴らしくて。

甲田　ありがとうございます。まわりの人たちが作ったものがあって、私はそこにいただけですけど。

小泉　音やヴィジュアルを含めての独特の世界観があって、その中で甲田さんが微笑んでいらっしゃる……ちょっと神様っぽいというか、巫女さんのような印象がありました。甲田さんを通じて天から何かが降りてきて、それを皆が受け取るという感じ。

甲田　フフフ。私は歌詞を担当していますけど、まず木村が作った音源があって、そこに乗せて書くというやり方。「どういう内容で」とは基本、言われないので、その時に自分が書けるものを、です。世界観は合っていたんだと思いますが、たぶん、歌詞をちゃんと書けるプロが書いたほうが売れたんだろうなぁとは思いますね（笑）。キャッチーな。

小泉　時代的には、プロデューサーが作る音楽が全盛になり始める頃ですよね。

甲田　そんな中での、変わり者のふたりですから。特にキャラクターを押し出したというわけでもなく、むしろ出さないように、というか、出すものがないから出していないだけで（笑）。それに比べて小泉さんは……ラジオで最初にお会いした時から、私の中では時間が止まっているんですが、今、おいくつになられたんですか？

小泉　じゃあ、まだ20代ですね（笑）。えーと、51歳になりました。

甲田　あれから30年くらい、ってことですか。その間、舞台の演出やプロデュースを始められたりして、進化してますね。文章も時どき読ませていただくんですけど、すごくお上手で。

小泉　わー、ありがとうございます。

甲田　私は経験を知識として蓄えないタイプで、基本、ぜんぜん変わっていないような気がするんです。でも、小泉さんは若い頃にデビューされているのに、それから経験を積み重ねて確実に成長して、自分のペースでどんどん綺麗になられている。やるなぁ、すごい人だなぁと、つくづく思います。

小泉　いえいえ。逆に、その積み重なっていくことに不安を感じていて、それで別のことをしたくなったりするんじゃないのかな?と自分では思っているんです。何かこう、すごろくでいう「上がり」のようなものが見えてくると……。たとえば、アイドルから始まって、女優になったとしますよね。そうすると次に、何千回舞台に出演してギネスに挑戦というような目標が見えて、それがひとつの「上がり」だとすると、いやいや、私の場合そうじゃないでしょう、というか。

甲田　そうかそうか。なるほど。

小泉　もちろん、そういう立派な仕事を成し遂げる方には、心から尊敬する気持ちしかないのだけれど、私はもうちょっと別の道を探りたくて。それで、新しいことをやって、叱られたり、恥をかいたりもして、たくましく生きていこうかなと思ってるところです。

甲田　自己プロデュースができているということだと思うし、それが自分でやれる状況をずっと作ってこられたのは、やっぱりすごいなぁ。それに、けっこう自由じゃないですか?

小泉　そうですね。確かに自由、ではあります。

欠けていく「今」を生きる

甲田　私は40代の8年間ほどを、那須（栃木県）で暮らしていたんです。娘が幼稚園の年長の頃から、小学校卒業するまで。彼女が喘息で、環境を変えたほうがいいだろうなというのが第一の理由で、じゃあ東京郊外とかではなく、思い切って離れてみようと。

小泉　へぇー。よさそうですね。

甲田　住んでいたのは住宅街だったけれど、ちょっと行くと緑のトンネルとかがあったりして。何となく、自分が生まれ育った北海道の街と、景色が似ていたんですよね。

小泉　北海道、どちらでしたっけ。

甲田　北見の近くです。

小泉　北見！『風花（かざはな）』っていう映画の撮影で、長くいたことがあります。でも、いきなり那須って、まわりの方はびっくりされたでしょうね。

甲田　寂しい、とは言われましたね。確かに。

小泉　私も40代で、「東京じゃなくてもよくない？」って葉山に転居しまして。

甲田　そうだったんだ。最初の頃は、空いている時間があればドライブして、素敵なカフェなんかに行ってたんですけど、そんなお祭りみたいなことをしていたら、出費がすごくなっちゃって（笑）。

小泉　アハハ！　毎日がイベント。

甲田　これはまずいと思って、途中でやめました（笑）。でも、何となくすべてが、自然な流れだったように思いますね。撮影がある時は、新幹線で東京に通っていました。音楽も、アルバムは作っていませんでしたが、誰かに頼まれて1曲参加して、という感じで。戻りたいとは思いませんでした。やっぱり空気は綺麗だし、東京で仕事をして帰ってくると、「ああ、ここだ」って。結局、子どもの進学のタイミングで戻ってきたんですが、その後も、成長ごとに転々と。

小泉　何か、旅人感ありますね。フフフ。

甲田　本当に。私は「そこまでカラにしなくてもいいのに」っていうくらい、いろんなことを忘れちゃうし、学べないタイプなんです。ずっと「容れ物」でいる感じ。人に言われたらできることはやるけど、器用ではないから、あまり変わったことはできない。50代になったら「皆の面倒を見る」とか「何かを伝えないと」というふうになるのかなぁとも思ったんですけど、そうでもなくて……。ある意味「逃げ」だと思うので、時どき焦るんですよ。「大丈夫？　自分」って。

小泉　そういうところも、旅人らしいです。

甲田　フフフ。小泉さんはきっと、好きでもあるんですよね。何かを経験することが。

小泉　そうですね。そういうふうに生きるってことが、15歳くらいの時に決まってしまって……。あまりに早く世の中に出すぎたから、「自分って何なんだろう？」って思った時にも、前に進んでいく以外の方法が見つからない。本当はのんびりしたいし、できればずっと寝っ転がっていたいんだけど、ちょっとMっぽいところもあって、自分をいじめたくなるというか（笑）。何もなくなると、存在としてゼロになっちゃうんじゃないか？と思っちゃうほう、なんでしょうね。

甲田　それ、まさに私……。

小泉　いやいや（笑）。そう考えると、文章を書いている時っていうのは、ちょっと気がラクというか、自由ですよね。自分のペースでやれるし。

甲田　そうですね。今、『大人のおしゃれ手帖』という雑誌で連載をさせていただいているんですが、詩や散文を書くって、すごく自由。音楽も、マイペースにやっていきたいです。

小泉　お嬢さんも、もう大きいんですよね。

甲田　はい。今から考えると、子育てにはけっこう入れ込んでいたと思います。わりかし理想像を目指して生きてて、「日常生活は修業！」という時代だったような。早起きしてご飯を作る、お弁当を作る、保護者会に行く……って、当たり前のことですけど、そのすべてが、修業。

小泉 それで、ちゃんとひとりの人間が育つんですから、大仕事ですよ。

甲田 クオリティーは低いんですけど、まあ、私なりにやったというか（笑）。それで今、また元に戻っちゃった。経験して何かが身についたというよりも、戻ったという感じが強いですね。あきらめるというか、受け入れる感じ。

小泉 フフフ。50歳を迎えた時は？

甲田 走ってましたね。たまたま、住んでいたところに走りやすそうな道があって、「ちょっとやってみようかな」と。マラソンをするとか、ジムに行くというレベルではなくて、ちょっと気が向いた時に外へ行って、30分くらい。

小泉 へぇー。

甲田 走れるんだ！と思ったのと、やっぱり何か、50になって、「今を生きる」感は強くなったかなぁ。まあ、将来を考えると不安しかないので、どうしてもそっちを選んでしまうだけかもしれませんが。

小泉 あぁ、確かに……。

甲田　まだ那須にいた頃、具合のよくない時期があったんです。運動中に過換気状態のようになり、プレ更年期というか、寝ている時に動悸がするようなことが続いて。その時は、精神的にもガクンときましたね。でも、あれで何か、「死」みたいな状況を受け入れないと、この先、前には進めないんだなと思うようになりました。

小泉　死は必ず来る、ということですよね。

甲田　ええ。だから、先のことをあれこれというより、年ごとにテーマみたいなものを決めようと思って。今年は何だったかな……えーと、「チャレンジする」ですね。

小泉　チャレンジ？

甲田　といっても、何かすごく張り切って挑戦するんじゃなくて……えーとね、私、先週くらいに歯を抜いたんです。奥のほう。

小泉　あ、私も抜きました！　奥歯2本。疲れると腫れて大変だったんですけど、抜いたら快調。

甲田　ね！　ほら、「欠ける」って、やっぱり残念なことじゃないですか。それに、しゃべれなくなったら、歌えなくなったらって心配してたんですけど、意外とふつうに生活できた。

小泉　私も。発音とか大丈夫かなぁと思ったけど平気で、誰にも気づかれませんでした。ハハハ。

甲田　そうなんですよね。それに、ちょっとそれを楽しめるような自分もいて……って、まさか同じ経験をされていたとは（笑）。

小泉　同じ。おんなじ、です。

甲田　「別に、抜けたからどうなんだ」っていうくらいの感じでね（笑）。そう、欠けていく自分を楽しむ、そういう種類のチャレンジなんです。

（『GLOW』2017年7月号掲載）

〈放談を終えて〉

妖精に遭遇したことはないけれど、きっと本物の妖精って甲田さんみたいな感じなんだろうなと思う。すごくふつうに現れて、ふつうにしゃべって、おもしろいことも言ってくれて、どこかの曲がり角でバイバイと別れる。その後ろ姿は雑踏の中でもふんわりと光っていて、美しくて見惚れてしまう。甲田さんはそんな人です。

終わりがあるから、がんばれる

放談 20

伊藤 蘭

いとう らん
1955年東京都生まれ。キャンディーズとして活躍後、80年公開の映画『ヒポクラテスたち』で女優として活動を開始。近年の舞台出演作に『太陽2068』『青い瞳』などがある。

「ランちゃん」の背中を追って

小泉　この前、稽古場で趣里（女優。伊藤さんの長女）ちゃんに会ったんです。活躍されてますよね。蘭さんも、夏は新しい舞台に。

伊藤　三谷幸喜さんの『子供の事情』（２０１7年上演）です。出演者全員が10歳の小学生役で、そのクラスで巻き起こる騒動が……どんなことになるやら（笑）。

小泉　うわー、おもしろそう。蘭さんとは、たぶん最初は舞台を観に行かせていただいたとか、そういうことで自然とお知り合いになれたんですが、残念なことに、まだ共演がなくて。

伊藤　そうなんですよね。ドラマでも。

小泉　蘭さん、私も大好きな岩松了（劇作家、演出家）さんの作品にたくさん出られてて……前、どこかで酔っ払ってた時に、失礼にも申し上げた気がするんですが、アイドルから仕事を始めた人間が女優になる、こういう道もあるんだよというのを、最初に成功させて見せてくださったのが蘭さんだなぁと思っていまして。

伊藤　いえいえ、そんな……。

小泉　しかも、すぐに舞台に出られたというのが。それも、野田秀樹さんの夢の遊眠社で！

伊藤　最初に数本テレビと映画をやったんですが、舞台をやるという発表はインパクトがあったみたいですね。

小泉　ありました！　カッコイイなって。

伊藤　キャンディーズの活動を終えた時、お芝居はやり尽くしていない……というか、まったく未知の分野だったので、自分でやってみたらどうなのかな？と。いろいろ見せていただいているうちに、夢の遊眠社を知って、何だろう、これすごいなと思ったんですね。野田さんにもお会いして、いつか参加できたらいいなと思っていたら、「出てみませんか」とお話をいただいて……。中学時代は演劇部に所属していたんですが、劇団に参加するのはまったく初めてだったので、「本当にいいんですか？」という感じでしたけど。

小泉　そうだったんですね。これも失礼かもですが、ドリフターズの番組とかでのコントの演技、すごくお上手だったから……。

伊藤　そんなことないですよ（笑）。

小泉　いえいえ、「やるなぁ！」という感じ。ちゃんとなりきって、恥ずかしがっておられなくて。

伊藤　恥ずかしかったですけど、まあ、恥ずかしさが出ちゃうのもなんなのでね……。とにかくすべてに必死でしたね。やることがいっぱいあって。歌も覚えなきゃいけないし、持ち歌以外も歌う機会が多くて。洋楽とか、ロックとか。

小泉　多かったです！　なぜかコンサートで歌えって言われて、レオタード着て『フラッシュダンス』の曲とか。全然踊れないのに（笑）。

伊藤　アハハ！　そう、そういう時代でしたよね。

私たち、バチが当たったの？

小泉　私はまさにキャンディーズをテレビで観て、友だちと振り付けを覚えてた世代ですが、活動されていたのって……。

伊藤　４年半ですね。それから１年10か月、お休みして、免許を取ったり、旅行に行ったり……。母に「いいかげんにしなさいよ。いつまでダラダラしているつもり？」なんて言われながら（笑）。解散する時には、次に何をするか、まったく考えていなかったんですよね。

小泉　それでいきなり野田さんの舞台なんですよね。私は未経験なんですが、役者の皆さん、体力の限界までがんばるって聞きます。当時は今より、きっとさらにパワフルだったんじゃないかなぁ。

伊藤　どうなんでしょうね。そういえば2、3回喉を潰したかな。当時は「野田さんの芝居以外、芝居じゃない！」と思い込んでるようなところがあったかも。

小泉　劇団の中に入るんですもんね。私たち、若い頃にポッと芸能界に入って、何ていうか、どんどん自分を自分で動かせないみたいな状況になっていって。蘭さんはグループでしたし、だからきっと、ひとりの人間としてどこかに関われるっていうことが、楽しかったんじゃないでしょうか。

伊藤　そうですね。3人で関係性ができ上がっていたから、外部との関わりが少なかったので。劇団も、ただひたすら楽しかったです。未経験だったことを体験できていくことが。お掃除もしてね。廊下で着替えちゃった！みたいな（笑）。

小泉　アハハ！　衣装の管理とかもですよね。時代劇だと自分で足袋を洗ったりとか。

伊藤　でも、意外に今日子ちゃんは、アイドル時代が長かったですよね？

小泉　確かに。デビューした時、事務所の社長から「10年はやってほしい」って言われて、「じゃあ、26までか」と。何となく、20代のどこかでやめるんだろうなと思ってましたけど。

伊藤 そうなんだ。私、つい最近、自分の過去のインタビュー記事を読んだら、「おばあちゃんになるまでやりたいな、ウフフ」みたいなことが書いてあって、「嘘でしょ！」って（笑）。

小泉 アハハ！

伊藤 その頃からイメージできていたのかどうか……もちろん、今も決意できているのかどうか、よくわからないけど。

小泉 決意かぁ。私も、できてない気がする。

伊藤 正直言って、芸能界にいるという意識はあまりなく、舞台やドラマのように、皆で何かを作っていくことが、やっぱり私は好きなんですよね。

小泉 うん、うん。私もです。

伊藤 でもまさか、こんなに長くこの世界にいることになるとは……。年齢のことはそんなに考えたことはないんだけど、「歳をとったんだな」といちばん意識させられたのは、30になった時。「おいくつですか？」って聞かれて、「30です」って口に出すのが、数字的に嫌だったというか。

小泉　10代の頃は「30なんて、おばさんだ！」と思ってましたからねぇ。今なんか「若いねー」って言っちゃうんですけど。フフフ。

伊藤　果物屋のお兄さんとかに「奥さん！」とか呼ばれて、「奥さん？」って（笑）。

小泉　ご結婚されたのは、30代に入ってでしたよね。水谷豊さんと。

伊藤　34の時です。結婚をするとは思ってなかったし、したいと思ったこともなかった。落ち着いて家庭に入って家のことをやって、というタイプじゃないだろうし、人と一緒に生きていくこともイメージできなくて。だから仕事をしてこのまま生きていくんだろうなと、何となく思っていたんですけど……現れやがったんですね（笑）。

小泉　現れやがった！（笑）。やっぱり舞台を観に行った時、水谷さんに客席でお会いして、ご挨拶をさせていただいたんですけど、うれしかったです。『傷だらけの天使』（74〜75年放送）とか『男たちの旅路』（76〜79年）とか、大好きだったので。

伊藤　仕事を通して知り合ったので、初めは「いい先輩だなぁ」というところから、ですね。はい。

小泉　40代は、どうでしたか。

伊藤　40代は……そうですね、疲れてましたね。

小泉　疲れてた？

伊藤　ええ。おもに体力的に。もしかしたら皆さん、そうかもしれないけど、まだまだ20代、30代と変わらないつもりで、いろんなことを同じような気分でやるんだけれど、そうすると、とにかく疲れる。「何でだろう？」って、単に自分が歳をとったことに気づいてなかったんですよ（笑）。あの頃は、舞台をやってもドラマをやっても、すぐに「ちょっと横にならせて……」みたいな。

小泉　そうだったんですか……。

伊藤　で、50代になると、年齢的にそうなんだ、疲れるのは当たり前なんだということに気づくでしょう？　そうすると、じゃあどうしたらいいかという対処法が考えられるようになる。それで乗り切れたという感じですね。老化には向かっていくんですが、ちゃんと違う何かが生まれてくる。自分の身体と心をコントロールしようという意識が、というか。

小泉　違う何かが。

伊藤　まあ、心の持ちようだと思うんですけど、気持ちと身体の折り合いをつけていけるようになるというか。疲れたらちゃんと休む、という、とてもシンプルなことかも。

小泉　そう。本当、そうですね。

伊藤　ねぇ、今日子ちゃんと、何かの舞台のあとで一緒に飲んだことがあったじゃない？

小泉　ええ、はい。

伊藤　その時、「舞台、もう怖くて」とか「大変だよね」なんて話をしたんだけど、私が「こんなに苦しいなんて、何か私、悪いことをしてバチが当たってるんじゃないかと思うのよ」って話したら、「私も！」って今日子ちゃんが言ったの。

小泉　アハハ！　そうだったかも。

伊藤　この仕事って修業みたいに感じる時がない？っていう、その気持ちに共鳴してくれたの、今日子ちゃんだけだった。だから、おもしろい人なんだなぁと思ったの。

小泉　修業っぽい心境なんですよね、まさに……。これまでいいこともたくさんあったから、今、そのバチが当たってるのかな、と思いながら。

伊藤　フフフ。でもね、またそれを乗り越えたりするのが、楽しいんですけどね。

終わりがあるから、がんばれる

小泉　50代では、お別れもありましたね。キャンディーズの仲間だった、田中好子さん。スーちゃん（田中さん）とバラエティーで楽屋が一緒になった時、「私、キョンキョンに声が似てるって言われるの」って言ってくださったんです。

伊藤　私にも言ってましたよ。「私、キョンキョンに似てるって言われるの」って（笑）。

小泉　うわっ、そうだったんですね！　声とか雰囲気が似てるって……。そんなお話ができてうれしかった。優しくて、かわいらしい方でした。

伊藤　いちばん年下で、甘えん坊だったのに、いつの間にかたくましくなっていましたね。いろんな経験を積んで、女性として成長して、はるかに豊かになっていて。

小泉　ええ。

伊藤　死生観、っていうのかな、そういうのも変わりましたよね。死はもちろん悲しいし、当然忌み嫌われるものですけど、でもそれだけでは亡くなった人に対して失礼じゃないのかなと……。よく「死は生の一部だ」といいますけど、本当にそうで、生きて、それを終えていったわけだから、そのことを讃えたい。生き抜いたという証なので。死を嫌わない、嫌いたくないという気持ちに、自然となっていきましたね。

小泉　本当に。私は数年前に、姉を亡くしたんです。親については、いつか自分より先にいなくなる覚悟を持っていたけれど、小さい頃からの自分を知っているきょうだいも、本当にいなくなってしまうんだって、すごく驚いたというか……。でも今、姉の仏壇に毎朝、お線香をあげるんですが、その時間がけっこう好きなんですよね。

伊藤　うん、うん。

小泉　お水を替えて、お線香をあげて、チーンと鳴らして拝んで「行ってきます」って。ひとり暮らしの生活にそういうルールがあるのって、悪くないなと。「あ、お花買おうかな」と思ったり。

伊藤　そうですよね。私も、しょっちゅう思い出します。舞台の前とか。

小泉　私も！　よく幕が開く前の暗い空間で、交信してるんです。「何かあったらよろしく」って。

伊藤　そう、そう。本当に話しているような感じで。ひとしきりの寂しさを通り越したら、そういうふうに捉えたほうがいいかもしれないですね。

小泉　お仕事観も、変わりましたか？

伊藤　何というか、本当に、昨日が今日になっただけの繰り返しで（笑）。だから、自分の中では変化というのはそうはないんだけど……。今も昔も「望まれることをちゃんとやろう」という、そのことだけですね。当たり前ですけど。母親とか妻役も多くなりましたが、どちらかといえば職業を持つ役のほうが好きかもしれない。この間の女医さんのような（ドラマ『メディカルチーム　レディ・ダ・ヴィンチの診断』の内科医役。16年放送）わりと強い感じの役が、舞台では多いかもしれないですね。

小泉 うん、うん。素敵です。
伊藤 今日子ちゃんは、アイドルで出てきた時からただ者ではないというか、明らかに他の人とは違う雰囲気を持って現れましたけど、最近は特に自分のことだけでなく、人のことをちゃんと見ていて、興味を持っているのが伝わってくる。
小泉 ああ、そうですね。
伊藤 そこが、すごくいいなと思っていて。
小泉 だから今も、舞台のプロデュースとか、やっているのかもしれません。怒られながらですけど（笑）。「この人に、こういうことをやってもらったらおもしろいんじゃないかな？」って。
伊藤 きっとそういう目線が、若い頃から身についていたんじゃないのかしら。俳優って、どうしても「まず自分！」っていうところがあるけれど、今日子ちゃんはたぶん違っていて。人を見る目線で、自分のことでも冷静に、客観的に見られるというか。それは、誰もが持っている資質じゃないと思います。
小泉 エヘヘ、ありがとうございます。蘭さんのおっしゃるとおり、現場で、一緒にひとつのものを作るって、楽しいんですよね。いろんな世代の人たちとお話しする機会にもなるし……。あと、私たちの仕事って、何というか「始まったら終わる」安心感って、ないですか？

伊藤　ああ、あるある！

小泉　ひと月ならひと月、2時間の舞台なら2時間で、永遠には続かない。

伊藤　そうね。だからこそできる、というか。

小泉　いつかは……たとえバチが当たったとしても、終わりがあるからがんばれるんです（笑）。

（『GLOW』2017年8月号掲載）

〈放談を終えて〉

背筋をピンと伸ばして、綺麗に両足を揃えて、細くて長い首もまっすぐに、お話をしている時のソファに座る姿がとても美しかった。それでいて、ご自分でおもしろい話をしておきながら、笑いすぎてハンカチで涙を拭ったりするんです。かわいいにもほどがあります！

力を抜けば、浮き上がれた

放談 21

片桐はいり

かたぎり はいり
1963年東京都生まれ。劇団活動を経てドラマ、映画、舞台に出演。著書に『もぎりよ今夜も有難う』（キネマ旬報社）など。最新情報はhttp://www.stardust.co.jp/section1/profile/katagirihairi.htmlで。

儚いからこそ、夢中になれる

小泉　この間は舞台（『名人長二』・2017年）を観に来てくださって、ありがとうございます。

片桐　おもしろかったし、小泉さんがプロデュースってすごい！　あのー、プロデューサーって、具体的にはどんなことをなさるの？

小泉　えーっと、ふつうに毎日、稽古場に行って、皆さんから苦情を聞いたりとか。

片桐　毎日！「稽古場のコーヒー、まずいよ」とか、そういうのも？

小泉　アハハ、それも含めて現場のことを、ですね。前回（16年上演の『日の本一の大悪党』）は演出と、出演もしていたんですけど、結局、自分たちが思う素敵な作品を作るという意味では、どのポジションでも同じだという印象でした。ただ、疲れ方はぜんぜん違いますねぇ。

片桐　どんなふうに？

小泉　出演すると、演技で発散する部分もあるんですが、今回はそれがなかったから、すごく妙な疲れ方を……って、すみません、私の話ばかり。

片桐　いやいや、逆に教えていただきたくて。そもそも、なぜ演劇に？　これからはずっと？

小泉　映像でも音楽でも出版物でも、できることは何でもやりたいなと思うんですが、やっぱり演劇って、夢があるなぁと思うんですね。儚くて。終わったら何もなかったかのように次の日が来るところもそうだし、作品の中で時代も時間も場所も、どこにでも行けることもそうで。

片桐　その中で、ご自分の言いたいことや伝えたいことを作っていかれるんだ。すごいなぁ……。もらった仕事だけをやっている身としては。

小泉　いえいえいえいえいえ。

片桐　それに、今度は椿組（小劇場や野外劇を得意とする個性派劇団）にご出演を。

小泉　フフフフ。『毒おんな』（２０１８年３月上演）っていうタイトルで、実際にあった婚活殺人事件の犯人みたいな役なんです。女の人のそういう事件って、興味深くないですか？

片桐　ものすごく興味ありますよ！

小泉　ですよね。テレビで「実録・女の事件簿」みたいなのをやってると、つい録画しちゃう。女優ならきっと皆、関心があるんじゃないかなぁ。
片桐 私も。それにしても、すごいです。劇場の大きさ云々じゃなくて、選ぶ作品が、意図を持ってのアンダーグラウンドであるとか、何かへのアンチでそうなっているわけじゃなくて、「小泉さんがやりたいものをやるんだ」という意味に、きちんとなっているのが……。こういうことって、小泉さんにしかできないぞ!と思いますね。

びっくりさせたい、知らしめたい

小泉 共演は、たぶん『すいか』(日本テレビ系・03年放送)が最初かな?
片桐 きっとそうです。小泉さん、横領して逃げる信用金庫のOLの役で、私が追う刑事で。
小泉 あれも「女の事件もの」だった。
片桐 ほんとだ! あの頃、お互い30代だったと思うんですけど、私は「おもしろい役があんまりないなぁ」と思ってたんです。女の人が演じる脇役って、主人公の友だちとか、そうでなければお母さん役まで出番がないっていうか。あとは恋愛にはまって男に貢ぐとか……なんていうか、「女は恋愛絡みしか出番がないのか!」みたいな役が多くてイーッ！ってなってた頃だったから、すごくうれしかった。小泉さんの犯人役はカッコよくて。

小泉 「スカッとしたかったから」みたいな理由だったんですよね。彼女の場合。

片桐 そう。それが逆にリアルで、誰もが共感できるキャラクターになってて……。本当、女ってもっといろいろあるよ！って思ってたんですよ。

小泉 個人的には、30代の途中から軸をきちんと俳優に据えようと思って、そのためにいろんな役を経験しようという時期があって、癖のある役をたくさんやったんです。でも犯人とかヤンキーおばさんとか、訳ありみたいなのが多かったから、良妻賢母役とか、今でもぜんぜん来ない（笑）。

片桐 お母さんかぁ……私がやると、何か、抽象画みたいになっちゃいそうだなぁ。ピカソの絵みたいなお母さん。

小泉 アハハハ！

片桐 でも、何でか小泉さん、すごく「お母さん」感ありますよね。姉御感っていうか……私も、どちらかというと姉気質なんですけど。

小泉 慕われてますよね。男後輩たちに。

片桐 慕われてるかどうかはわかりませんけど、つきあいやすいっていうのはあるかもしれない。

小泉　おもしろい役も、たくさんされてるし。

片桐　どうなんだろう……皆さんが持つ私のイメージって分割されてて、大人計画（劇団）の作品に出ている時は、「エログロ系？」って思われてるし、『かもめ食堂』（06年）のイメージを持ってる方には「おうちでぬか漬け、作ってらっしゃるでしょう」とか聞かれる。作ったことないですが（笑）。

小泉　フフフ。

片桐　真逆なのに、「あなた、いつもおんなじ」って、なぜかあちこちで言われてて。自分では本当に気分で決めてるんですが、小泉さんは「この役で」みたいなところから考えられるんですか？

小泉　そういうのは稀ですけど、でも結局、監督やプロデューサーがいい人だといいなぁみたいなことが、わりと左右しますね。何のためにこれを作りたいのかがクリーンな人だといいなと。

片桐　ご自身でプロデュースをすることの理由には、そういう気持ちもあるでしょうね。

小泉　そうですね。役者さんでも作家でも、素敵な人がいっぱいいるんだということがわかってくると、「世の中に知らしめたい！」みたいな気持ちになるというか。紹介して「初めて観たんですけど、すごく好きになりました」的な感想をもらうと、「ほら見ろ！」って、スカッとする（笑）。

片桐　やっぱり「スカッと」なんだ。

小泉　アハハ、そうか。次の椿組も「こんなおもしろい人たち、知らなかっただろ！」って言いたくて。アイドル時代から応援してくれる方たちって、だいたい同世代から下の年代で、皆で大人になるための時間を一緒に歩んでいく感覚なんですよね。だから、「もっとこういう方面に興味を持ってもいいんじゃない？」という提案のつもりで。

片桐　小泉さんを通して知らない世界に入っていく人、いっぱいいますもんね。

小泉　年代的にも、子育てとかやっと落ち着いて、時間的にも経済的にも余裕が出て、演劇に向かうのにはぴったりな年頃じゃん、と思うし。それはそれで、若い人たちも両方育てたい。だから、自分が何かをやりたいというよりは、うーん「世界を豊かにしたい」って思っちゃうんですかね。

片桐　そこがマザーたる所以（ゆえん）だ！　私の根源的な欲求って、ただ「人をびっくりさせたい」っていうだけなんだもん。俳優になる前、映画館でもぎり（入り口でチケットを切る係）をやっていた時も、わざと顔にアザを作って「……いらっしゃいませ」って言ってみたり。

小泉　アハハハ！

片桐　それがもう楽しくて、しょうがなくて。自分の中にいたずらっぽい気持ちがあって、それを満足させたい。「50過ぎてバック転したら、びっくりされるかな？」とか、そういう欲望だけですよ。

小泉　フフフ。でも、驚かせたいっていうほうが、俳優としては純度が高いと思いますけど。

片桐　でも、そういう楽しい仕事ばかりじゃないので、そろそろ自分でやりたいことをやらないと……と思っていたところに、小泉さんからこの間も「私たち、残り時間少ないよ！」「恥ずかしいとか言ってる場合じゃないよ！」って言われて。おおお、まさに！と思って。身体としても、物理的に動ける年齢っていうのがあるし……でも実際のところ、50過ぎてバック転って、可能性はゼロではないんですよ。

「何となく」が、世界を広げる

小泉　へぇー。『あまちゃん』（13年）の時も、すごく身体のこと、おっしゃってましたよね。

片桐　そうそう。あの作品の時は、すごくいろんな発見があって……。私、海女の役で海に潜らなきゃいけなかったんだけど、泳げなかったんです。近所のプールには行ってたんだけど、バタ足までしかできなくて。で、撮影になって潜って、「ダメだ、上がれない」って状態になって。これ死んじゃうかも、死なないまでも撮影中止かもと思ったその瞬間、小泉さんがアキ（のん）に言ったセリフを思い出したんですよ。

小泉　「考えない」っていうやつですよね。

片桐　そう！　頭を使うことがいちばん酸素を使う、っていう。それを思い出して力を抜いたら、プーッと体が浮いて、それで事なきを得たんです。

小泉　おおー。

片桐　そうか、考えないで、力を抜けばいいんだって。50歳を迎えたのは、ちょうどその頃です。忘れもしない、『あまちゃん』の撮影を抜けて、神戸でダンスの舞台の合宿稽古に行ってた時。3人くらいにお祝いをしてもらったんですけど。

小泉　いい誕生日ですね。思い出深い。

片桐　思えばその頃が、自分の中で力入れてがんばってたピークで……。40代、私はずっと家族の介護と看護をやっていて、11年に母が急に亡くなったことでそれがなくなって、言葉はよくないんですが、抜け殻というか、燃え尽き症候群みたいになって。

それで、とにかく新しいことをガンガンやって、っていう時期だったんですけど、やっぱりそれにも限界が来ていて。

小泉 そうだったんだ……。

片桐 そんな時に「力を抜いていいんだ」「いつかは治るんだ」って言われて、実際、身体にも変化がいろいろ起こったもんだから……。そこから先は、もうラクちん。今思えば、あの50の時が、人生の境目だったのかもしれません。

小泉 うん、うん。

片桐 「力を入れてできることは、もうやった!」みたいな。身体もそうだけど、気持ちの面でも、相手に対して異常に期待するとか、そういうことがなくなりましたね。「この作品、絶対おもしろくするから!」みたいな力の入れ方とか……まあ、熱意は持ってるんですけど(笑)。でも、何となくやることで、逆に広がるものがあるのかなって。身体の不調もあるにはあるけど、でも……。

小泉 あって当たり前だよ50代、ですよね。

片桐 そう。「あるよね、そういうこと」っていうくらいに捉えておくと、悪いことは起きない感じがしますよ。今でも気持ちの安定を脅かすようなことはいっぱい起こるけど、しれっと全部受け入れるっていうか。「しょうがないもんねー」って。

小泉　「こういうもんだよねー、きっと」って。

片桐　そうなると、どんどんラクになっていく。で、やることも逆に、よくなっていくんです。セリフとか「いやー、こんなにあるよ、もう」って思うと覚えられないけど、「だって歳なんだからさー、そんなに早く覚えられないー」って言ってると、意外とプププププ、って入ったりする。

小泉　アハハ、確かに。

片桐　そんなことに気づけたのは、よかったかなぁ。今って不思議な世の中で、いくつになっても自分探しの旅に出ちゃう人、いるじゃないですか。でも、探すっていうのは、「ない」から探すんでしょう？探しても、ないものはないんだってこと、そこに気づくか気づかないか……。

小泉　私たち、力は入っていながらも40代、何だかんだ仕事、ノッてる時期だった気もするし。「ない」なんてことを考えている時間がなかったのかも。

片桐　ああ、そうですね。

小泉　逆に、50代から先、人生を終えていくのに必要なことについては興味を持ち始めているかもしれない。「マンション買ったほうがいいのかな？」とか「お墓どうする？」とか。

片桐　「どのくらい貯金してますか?」とかね。私は少し早く来ちゃったけど、同世代の友だちは、「親を送ってからが本番かも」って。子育てが終わるとかもそうだけど、これからが本番じゃない?みたいな……。「もう歳だから、これからは好きなことしかしない」ってことじゃなくて。

小泉　うん。新しい何かが始まるんだ、って捉えたら、すごく楽しい時間かも。うちのふたつ上の姉も、仕事をしていたり、旦那さんの親の介護をしていたりしても、時には舞台を観に行ったり、おいしいものを食べたりしてて、すごく楽しそうなんですよ。絶対人のせいにしないで、「私は私の時間を楽しむからね」みたいな強さがあって。そういうの、女の人はうまいですよね。

片桐　確かに……。それに、『あまちゃん』でも、その後の『富士ファミリー』(16、17年放送)でも、小泉さんとか薬師丸(ひろ子)さんとか、同世代の方たちがちゃんと活躍されているのが、私にとってはすごく頼もしかったなぁ。

小泉　タイプはまるっきり違うけど、「自分はここにいるよ」みたいな感覚、ありますよね。お互い、30年なりこの世界にいて「この人もがんばってるから、私も」っていううれしさが。

片桐　で、小泉さんと私は、なぜかコインの裏表みたいな関係になってる。『すいか』

の犯人と刑事もそうだし、『あまちゃん』もそうだし、『私立探偵　濱マイク』（読売テレビ系。02年放送）でも……。

小泉　パチンコ景品交換所の人！　そうだったそうだった。『富士ファミリー』でも、おばあちゃんと、おばあちゃんにしか見えない幽霊だし。フフフ。ふたりがいれば、いろいろできる感じ。

片桐　だからプロデュースのこととか、もっといろいろ教えていただきたい！

小泉　アハハ。私も、もっといろいろお教えできるように、勉強しなくちゃ。

（『ＧＬＯＷ』２０１７年９月号掲載）

〈放談を終えて〉

はいりさんとのおしゃべりはとっても楽しい時間でした！　いくつかの作品を一緒に作った同志のような気持ちが私にはあって、会うたびに胸が熱くなるような存在です。いつか舞台の上でも一緒に戦ってみたいです。そのために身も心も鍛えておかなくちゃ！

傷を恐れず、アクセルを踏むべき！

放談22

湯山玲子

ゆやま れいこ
1960年東京都生まれ。コラムニストにして、マルチプロデューサーの顔を持つ。著作に『四十路越え！』（角川文庫）など。雑誌『GLOW』（小社刊）でも「女の事件簿」を連載中。

「紋切り型」でない言葉で

小泉　2年前に『GLOW』の対談（2015年6月号）でご一緒させていただいたの、覚えておられますか？　あの対談でまさにテーマだった「どうする？　50代」が、この連載のきっかけでして。

湯山　それはうれしい！　その後、小泉さんはめでたく50代に。私はこの夏でついに57ですよ。ゴーナナ。60見えてきた、やばい！

小泉　フフフ。でも最近は、テレビ番組ですごくご活躍じゃないですか。よく観てますよ。

湯山　いやー、あの世界はすごい!!　出版や広告の世界は仕事をしてきたからよく知ってるんですけど、同じマスコミでもテレビはまったく違う。「パワーと権力が集まった、巨大な村」という感じ。

小泉　ああ、確かに……。ドラマだと、作品に参加しているという感覚でいられるんですが、情報番組やバラエティーのほうが、そういうものはより強く感じるのかもしれないですね。

湯山　もともとは男女差とか性の問題とかを本に書いていて、コメントを求められることから始まったんですが、そのうちレギュラーで呼ばれるようになって……。何ていうか、生のコメントでは、いつも内側から圧力をガッ！と上げていないとよいリターンができない。明石家さんまさんとか、私に言わせれば超能力者ですよ（笑）。彼は出演者全体のエネルギーを吸い込んで、倍にして吐き出す動燃機関みたいな存在。あんな才能、見たことない！

小泉　アハハ。場や向き合う相手からいろいろもらうんですよね。舞台俳優もそうだし、歌をやる人もきっと、そうじゃないかな。聴衆との気の交換みたいなものが、確実にあって。

湯山　そうでしょうね。その上、私の出ている番組は「世の中で起こっている事象を斬る」的な内容だから、そこでどうしても忖度（そんたく）システムを働かせなきゃいけないでしょう？　スポンサー関係とか、人間関係とか、どこでも立ち位置をパパッと読んでものを言う必要があるじゃないですか。

小泉　読めていない発言をすると、司会者の人がうまーく話題を変えていったりしてね。

湯山　そう。それで次は呼ばれない。フフフ。言葉にするという同じ仕事でも、口で言うメディアの言葉と、ものを書く時の言葉は、まったく違うという感触です。テレビは表情や存在が物語ってしまうところもあるし、いちばん違うのは論法。文章だと、書き出しから徐々に温めていって、最後に結論をドン！という感じだけど、それをやっているとテレビでは持ち時間が終わっちゃう。だから、最初に結論を言って、論考をあとに続けて。

小泉「それって何々だと思うんです。つまりは……」という言い方ですね。

湯山　そうそう。帰納（きのう）か演繹（えんえき）か、という。でも、そればっかりやっていると、言葉が単純になってしまう。狙ったようになるのも嫌だなぁと。その点、インタビューでの小泉さんの話し言葉って、見事だと思うんですよ。たぶん直接お会いした最初だと思うんですけど、あるフリーペーパーでおすすめの本の取材をした時、その本を紹介する小泉さんの言葉の選び方に、私、驚いたんだよね。ぜんぜん紋切り型じゃなくて。

小泉　谷川俊太郎さんの絵本でしたね、確か。

湯山　そう。役者さんたちの言葉ってある種、パフォーマンスに近いというか、わりとセリフのように「決めてくる」傾向があるんですよ。たとえば絵本なら「心が洗われた」とか「子どもの頃を思い出した」とか。

小泉　フフフフ。あるある。

湯山　でも、小泉さんは、私との会話の中に出てくる言葉を確実に掴んでいて、それに反応して繰り出す言葉にも、とてもオリジナリティーがあった。ああ、この人はもの書きの思考をする人だ、批評のできる人なんだって思ったんですけど、まさにそのとおりになりましたよね。ちなみにその時、紹介する本を忘れて、家まで走って取りに帰ってくれたのにも、大変感動しましたけど（笑）。

お酌ができなきゃ生きていけない？

小泉　湯山さんが執筆活動をされるようになったのは、40代からなんですよね。

湯山　もともとは編集やプロデュースをやっていて、会社員も長くやってました。けっこうスロースターターですね。うちはね、親という壁もあったんですよ。父親が作曲家（湯山昭。器楽曲、合唱曲など幅広く作曲）で、もう野獣みたいな人で。

小泉　野獣！

湯山　激烈なのよ、表現者って！　ずっとそれを家で見てきたから、「ああなったら人間、おしまいだ」って。表現をするって、あそこまでの個性がないとダメなんだろうなぁと。あと、深浦加奈子（女優。２００８年逝去）の影響もあるかな。小、中の同級生だったんだけど、すごく綺麗な顔して堂々としてて、小学生なのに「体育館裏でつけまつ毛をつけてた」って噂があって、「何、アンタ！」って声かけて、それで仲良くなった。

小泉　深浦さん！　素敵なお姉さんでしたよね。

湯山　わりと厳しい女だったのに、小泉さんのことは、すごく褒めてましたね。

小泉　舞台の仲間たちからも、すごく頼りにされていた方だったなぁ。でも、遊び心もちゃんとあって、一度、嵐のコンサートを俳優仲間で一緒に観に行った時、「今、（櫻井）翔君、私のほう見て笑ったよね？」なんて。フフフ。

湯山　へぇー。彼女とは、高校で別々になってからも遊んでたんだけど、お芝居を始めた時は、すごく驚いた。私はよくいる横並びの女子大生だったけど、深浦はいきなり「演劇をやる」って、誰にも相談しないであの道に入ったから……。意志の強さが、違うじゃないですか。一方、私はとても、表現のプロがやれるとは思わなかった。裏方志向でもあったから、20代30代はそっちの夢に賭けたって感じで。

小泉　うん、うん。

湯山　でも、一所懸命やった仕事ではあんまり褒めてもらえなくて、案外、気軽に書いたコラムのほうが「いいね」って人から言ってもらえたりして……。やっぱり才能の発揮って、人さまに喜んでもらうことじゃないですか。それで、「じゃあ私はこっちで勝負するか！」と決めたのが、40代。

小泉　『女ひとり寿司』（04年出版）が最初ですよね。勇気を出して冒険しよう！って。

湯山　寿司って旬や季節を愛でるものだから、茶道と似てるんですよね。インテリアとかも、茶室みたいでしょう？　それに、基本的にやっぱり寿司屋は男性社会というか……。つまりね、女って、男たちが作るグループに、なかなか入れてもらえないんだよね。仲間になれないの。常に外様（とざま）で、唯一そこに入ることができる女は「お酌がうまい女」。

小泉　そうそう。妻とかお母さんとか、妹とかペットとか……。「女役」としてしか入れない。役者の世界もそういうところ、いまだに残ってますね。特に、映画がそうかなぁ。ヒロインとかマドンナ的な立ち位置でその場にいることはできるんだけど、いいところでサッと引き上げないと、次、もう呼んでもらえない（笑）。

湯山　ああ、わかる！　だから小池（百合子）さんは、〝政界渡り鳥〟になって当たり前だし、そこに一票ですよ。でもさ、時代は変化していて、新たな男だけのチームっていうのは、どんどんできなくなっているよね。

小泉　確かに、そうかも。

湯山　たとえばテレビの現場でも、ADさんやプロデューサーに、女子がどんどん増えてて。

小泉　制作の技術関係でも、今は女子のほうが仕事が続くみたいです。カメアシ（カメラマンのアシスタント）とか音声さんとか、たくましいの。

湯山　GLOW世代の女子たちは、その中核なんじゃない？　今や。

小泉　はい。それに、男の中でがんばんなきゃ！って、オヤジギャルみたいな方向に自分を持っていってた時もあったけど、40代半ばくらいかな？「あれ、もうそれ要らない？」みたいなことに気づいたのは……。自分たちより若い男の子たちって、そもそも、ぜんぜん戦おうとしてないし。

湯山　そうそう。そうなんだよね。優しいし。でも、遊んでる子は少ない、かなぁ。

小泉　そうですね。今の子たち、ほんと遊ばない。

湯山　女ひとりで寿司屋に行くのも、遊び。若い頃ってそれこそ、すごく遊んだじゃないですか。急に思い立って、免許取りたてのくせに、「本牧、行こうぜ！」とか。深浦とも行ったなぁ。

小泉　行きました！「海行こうぜ！」って、横浜行って、中華街で朝ご飯食べて帰ったりとか。そういう冒険をする時は、女の不良同士で。男の子とだと、冒険にならないから。

湯山　私は小泉さんより少し上の世代で、バブル世代って、お金を使った遊びのことしか言われないけど、実はそうでもないんだよね。ディスコも好きだったから行くには行ったけど、シャンパン飲むとかじゃなくて、缶蹴りだってよかった。

小泉　浜辺で花火、とかですよね。フフフ。

自分で決めれば、人生、ずっと上り坂！

湯山　そういう、「遊ぶぜ！」が、また戻ってきたのが四十路以降かなぁ……。女子の人生って、2タイプあると思うんですよ。ひとつは、若い頃がマックスであとはつまらないというケース。その一方で、大人になって自分の生き方を自分で決めるようになってから、劇的に人生がおもしろくなるタイプ。

小泉　ああ、確かに。

湯山　私の場合は、20代30代が最悪だったっていうか、忍耐と衝突とやけ酒の時代だったんだけど、40代で、そのカードが全部裏返った。まあ、傷を恐れずアクセルを踏むべき！なんでしょうね。40代からずっと年齢は公言してるし、50になって「もうババアだろ！」という世間の空気があっても、やっと、自分の願望や意思を現実化していく年代になったんだと思ってましたね。人生、本格的な上り坂は中年以降だぞ！って、ずっと書いてきたし。

小泉　うん、うん。そうでした。

湯山　更年期があることだけは、忘れちゃいけないけどね。私、自分の身体にすごく鈍感な女なんだけど、それでもやっぱり、不調はいろいろありました。冬なのに汗ダラダラかいてて、「夏服でいーわ、ラッキー！」って言ってたけど、あれ、今思うと、ホットフラッシュですよね。

小泉　アハハ！　私にも、そろそろくるのかなぁ。今、まだあんまりわかってなくて、もしかしたら私も鈍感なのかも……。

湯山　フフフ。生理も、終わり頃は波があったけど、それがなくなってからは、体調、まったくブレないっす。もうずっと高め安定。超絶好調になるぞ、読者の皆さん（グッドサイン）！

小泉　今の顔、しんどい時に思い出そうっと。こういうの、先輩から聞けるの、すごく頼りになるんですよね。「今は大変でも、そのあとバッチリなんでしょ？」「高め安定でしょ?」って。

湯山 うん。だから、3年後には60だけど、「どうってことないな」と。筋力や体力維持の努力は必要だろうけど。やっぱり、「女じゃなくなったらおしまいだ」みたいな呪いを、すごく受けてたんじゃないかなぁ。それがやっぱり、体調にも影響してて。

小泉 言われがち、ですよねぇ。

湯山 「気をつけろ」「備えろ」って、うるせーと(笑)。でも、それももう過去。小池百合子さんなんか、写真集まで出しちゃった。喧嘩に強いあんなサムライ、私、見たことないですよ。

小泉 本当、本当。

湯山 ただ、これ、微妙な話題かもしれないけど、更年期以降、性欲はなくなりますね。「何だったんだ、今まではー!」っていうくらいに。

小泉 アハハ! 言った!

湯山 つくづく、恋愛は性欲だったんだ、というのがね……。ちょっと「おっ」と思っても、何というか、キュンとくるとか、ジュンとくるとか、そういう下からの突き上げがないから、もう全部、友情だもん。この年齢になってからも恋愛に走る人はいますけど、あれはやっぱり、彼や彼女自身の文化のなせる技。そういう人はたぶん、脳で恋愛してるんだと思う。恋愛を自分の生きざまの中心にしてきたから、ずっと恋愛をし続けるんでしょうね。

小泉　恋愛がないと物足りないっていうか、それありきで自分がある、という。

湯山　日本人にはそういうタイプ、少ないと思うなぁ。男も、確実にポテンシャルは下がるから。男性の場合、恋愛し続けるとしたら、きっとそれは支配欲ですよ。自分が男として一人前なのを確かめたいという……。もちろん女も、これまでの体験があるので、いつでも切り替えるってことはできるんですよ。恋愛モードに。そこから本当に恋愛を選ぶかどうかは、自分のジャッジで。

小泉　恋愛は性欲、かぁ……。まだそこまで達観はできていない、ですね。エヘへ。

湯山　若い男を食事に誘ったり、飲みに行ったりは大好きなんで、バンバンやってますけど、それでいいんです。ちょっと小学校の頃に戻る感じかな。一緒に遊びたい、それこそ、缶蹴りでもしたいような。

小泉　いいですね。私も若い子と遊ぶの、大好きです。男女関係なく。20とか30も年が離れてると、友だちでもないし、先輩後輩っていうのとも違ってて、もう、ただの「キョンちゃん」「はーい」という感じ（笑）。恋愛に発展しそうにないし、女の子と男子を取り合うって感じも絶対ないし……だから缶蹴り感、ありますね。うん。

湯山　無心に遊べる感じ。と言いつつ、死ぬまでにもう一花、いや、三花くらい……って気持ちもないわけではない。でも、誰がいるっていうんでしょうね、お相手！

小泉　アハハハ！

湯山　まあ、人生晩年は確実に体力がなくなっていくし、20年後の自分が自分にとっての「秘境」ではありますね。

（『ＧＬＯＷ』２０１7年10月号掲載）

〈放談を終えて〉
湯山さんはいつも元気でパワフル！　会うといつもスカッとします。湯山さんの著書も読むたびにムクムクと勇気が湧き出ます。人生を楽しむことを教えてくれる頼もしい湯山先輩と冒険の旅をしたい！　思いっきり缶蹴りしたいです。

生きやすい、楽しいほうへ

放談 23

中野 翠

なかの みどり
1946年埼玉県生まれ。早稲田大学政治経済学部卒業後、出版社勤務を経てフリーに。著書に『あのころ、早稲田で』（文藝春秋）のほか、週刊誌連載をまとめた『ぐうたら上等』（毎日新聞出版）など多数。

原宿、それは自分の旗を揚げる街

中野　私が「生キョンキョン」を目撃したのは、ざっと30年ほど前、久世（光彦）さんのパーティーで。その時、小泉さんはピンクとクリーム色の大きな市松柄の着物を着ていて、私もたまたま薄緑色とクリーム色の市松の着物だった。着物の趣味が似ているなぁと、何だかうれしかったのを覚えています。

小泉　わー。写真、撮っておけばよかったですね。

中野　私も、けっこう久世さんには引き立てていただいたんです。最初は、それこそ小泉さんも出演されたドラマの『花嫁人形は眠らない』（１９８６年放送）を観て、そのことを雑誌に書いたら、久世さんが喜んでくださって。それから何となく節々にハガキや手紙、ファクスをいただくようになったんです。その後、朝日新聞の書評委員をご一緒した時も、だいたい隣に座らせてもらって……そんなこともあって、小泉さんとは好きなものが似ているんだなと感じてましたね。

小泉　ああ、そうだったんですか。

中野　小泉さん、エッセイも見事ですよね。万事にほどがよくて、本当に感心しました。『黄色いマンション 黒い猫』を読んだ時は、すごく懐かしくなってね。80年代のある時期、私は元代々木の、表参道や原宿に自転車で行けるところに住んでたんです。当時は『ギャルズライフ』とか、若い女の子向けの雑誌の仕事がメインだったので、特に原宿にはしょっちゅう行っていて。

小泉　読者でした！　読んでましたよ。

中野　世代ですよね。それで、ホコ天を覗いたり、ロックンローラーの子たちに取材したりして……。当時、私はもう30代半ばだったと思うけど、髪の毛を短く切ったりして若い子ぶってて（笑）。でも、80年代の原宿は、やっぱりおもしろかったんですよね。原宿プラザ（表参道交差点北東角にあった原宿セントラルアパート内の商業施設）とか。

小泉　本当に！　今も人は多いですけど、原宿というと竹下通りのあたりだけみたいなことになっちゃって、他は青山が拡大してきている感じで。

中野　そうですね。それと、私があの年代で原宿に平気でいられた理由のひとつには、店のオーナーたちが同世代だったことがあると思います。

小泉　大川ひとみさん（「MILK」デザイナー、ディレクター）とか、そうですよね。

中野　「GARAGE PARADISE TOKYO」の山崎（眞行）さんや、「文化屋雑貨店」の長谷川（義太郎）さん、皆、ほぼ同い年なんです。

小泉　糸井（重里）さんたちも、そうですよね。

中野　そう。「レオン」っていう喫茶店が、ちょっとしたメッカみたいになっていて。

小泉　ああ、そう聞きました。そして、そういう方々が、私たちが子どもながらに遊びに行くとふつうに話しかけてくださったりするのが、すごくうれしかったなぁ。素敵な先輩たちに、認めてもらえたような気持ちになれたというか。

中野　銀座でも新宿でもないテイストのここで一旗揚げよう、っていう、開拓精神でね。ファッションや雑誌の文化だけでなく、団塊世代って、あらゆるジャンルで圧倒的な数をもって、前の世代とは違う、私たちの時代を作るんだという気持ちが、ずっとあったんですよね。

小泉　ええ。一緒に遊んでくれる、すごく楽しい先輩たちでした。音楽でもファッションでも文学でも、その方たちの発信を聞いて「知らないけど聴いてみよう」「読んでみよう」と思うことが、すごくあった。影響、受けましたねぇ。そう思うと、自分たちは今、下の世代に対してそういうことがちゃんとできていないなぁという気がします。

「アンチ大人」というアイデンティティ

中野　小泉さんが生まれる前年の65年は、私が大学に入学した年。私たちの世代は、歌にもなったとおり、まさに「戦争を知らない子どもたち」で、親たちの世代は何であんな勝ち目のない戦争をしたんだろうというところから、「30歳以上を信じるな」って言葉なんかもあったりして。とにかく、不信感というか、親世代のようには絶対にならないぞという気持ちを、自分たちのアイデンティティにしている部分は、あったと思いますね。

小泉　へぇー。うちの両親の世代は、子どもの頃に戦争を経験していて、栄養失調で辛かったとか、疎開生活がどうだったとか、けっこう刷り込まれた感、あるんですよ。でも、60年代に親になった頃にはもう、すっかり時代の波に乗ってる感じはありましたね。ファッションとか。

中野　カッコイイじゃないですか、お母さま。本で読んで、そう思いましたよ。

小泉　エヘヘ。不良だったんですよ、たぶん。

中野　だから、「いろいろ、全部壊そう！」と。最近出した本『あのころ、早稲田で』

には学生時代のことを書いたんですが、当時、まわりにいた人たちは、男の子も女の子もおもしろかったですね。男の子たちはしょっちゅう、「何でそんなことで？」というようなことで喧嘩してた。あれって、じゃれてるのね。本当はお互いに好きなのに、ツッパッて、喧嘩して、また元に戻る。私、女子校出身だったから、興味深く見てました。

小泉　表面的には何かのことで喧嘩してるんですけど、実は後ろに女の人がいたりするんですよね。同じ子のことを好きなんだけど、それで喧嘩するわけにはいかないから、思想で戦う（笑）。劇団の内部とかでは、今もよくありますよ。

中野　フフフ。でも何か、昔のことは恥ずかしくて……。あんまり思い出したくないことだったりもしたから、書き終えてから時どき、うなされたりしていました（笑）。

小泉　えーっ！　だって、かわいいじゃないですか。本の中の、学生時代のお写真。

中野　わりと禁欲的な感じですよね。私、大学時代の前半は左翼だったから、プチブル的な感性は自分の中から排除しなきゃ！という感じで。着飾ったりすることには、やや抵抗があったの。

小泉　私も20代の時、最初の自伝的なエッセイを書いたんですが、書いた出来事がまだ風化していない部分も多くて、何というか、入り口の部分しか書けなかったという印象があったんです。で、本になった時、やっぱりまた久世さんなんですけど、書評を書いてくださって。正確な文章は覚えていないんですが、なかなか書いているけれども、油断してはいけない、表だけでなく、こいつはいつか裏も書くぜ、というような内容だったんです。

中野　そうだったのね。

小泉　はい。自分でも「本当はもっとおもしろいのに」と思っていたので、いつかさらにディープに書けたらなと……。それで、40代にもなったので、家族のことも含めてもっといろいろ書いちゃおうとしたら、母は「私は、書かれて恥ずかしいことなんかひとつもない！」って（笑）。

中野　フフフ、いいですよね、そういうの。まあ、最近はもうどんどん忘れる一方だから、そういう意味では、若い頃のことを思い出して書いておけたのは、よかったのかもしれません。

生きやすい、楽しいほうへ

小泉　50代は、どんなふうに迎えられたんですか？　50歳のお誕生日とか。

中野　思い出せない……（笑）。お祝いもせず、何気なく通り過ぎよう、みたいな意識だったんじゃないでしょうか。それほど節目とは感じなくて、大人になったというのも、たとえば、昔は女の子向けの媒体で仕事をしていたのが、だんだん上になってきたとか。『サンデー毎日』の連載（「電気じかけのペーパームーン」。現在は「満月雑記帳」に改題）を始めたのが85年だったんですが、週刊誌なんて、それまで、あまり読まなくてね。読者はずーっと年長のおじさんだと思ってたら、今はもはや同世代か、私が上（笑）。

小泉　ギャルから、いきなりおじさんに。

中野　そう。でも、むしろ書きやすかった気はしますね。少女趣味みたいなものは持ってたんだけど、私、人生設計がしっかりできているような女の人向けの文章は、書けなかったわけ。結婚したい、子どもがほしい、あと仕事もやりたい、というのが、ずっと自分の人生の軸にはなかったから。「皆、そういうふうに思うものなんだ」って、今頃、やっと気づいたりして。

小泉　うん、うん。

中野　それと、高校時代、ある年上の女性のエッセイを読んでいて、「くわえタバコで皿洗い」っていうフレーズに出合ったんですよ。

小泉　へぇー。素敵な言葉。

中野　でしょう？　で、何か、その言葉の向こうに、私が夢見てるひとりの暮らしのイメージを感じて、それをずーっと忘れないで今に至る、という感じです。恋愛までは想像したけれど、そこから先、いつか結婚してお母さんになって……というのが、ぜんぜん思い浮かばなかった。すごく平凡な家庭に育ったのに、どうして自分はこうなっちゃったんだろう？って、本当に不思議で。

小泉　親族にひとり、そういうおじさんとかおばさんが必ずいますよね。フフフ。私もたぶんそっちのほう。私はふつうに想像はしてましたけど、ただ、若い時に職業が決まって有名人みたいなことになって、この生活をやめたところでどうやって？と。たとえ子どもを産んだとしても、「有名人の子どもって、どう育てるんだろう？」と思いますよね（笑）。

中野　アハハ！

小泉　それで、「ちょっと待って！」「ない！」「わかんない！」みたいなことになって。たぶんやればできたんでしょうけど、くじけちゃった。人を巻き込める感じがしなかったんでしょう。

中野　そうか、そうか。でも、スタンダードな人たちも、大人になればもう恋愛や結婚にガツガツする年齢は過ぎて枯れてきているから、今はちょうどよくなってるんじゃないのかな？　私の連載も、今は女の人の読者が増えていると思います。

小泉　ですよね。久世さんの歌をモチーフにした私の歌の舞台（『マイ・ラスト・ソング』・浜田真理子共演）についても書いてくださったんですが、本当に日々、いろんなものをご覧になってますよね。感性がみずみずしくて。

中野　そうですか？　うーん、なぜだろう……苦労してないから、じゃないでしょうか。

小泉　アハハハ！

中野　苦労は、無意識のうちに避けてきたように思いますね。動物的な嗅覚で。自分の生きやすい、ラクなところラクなところへ……あと、楽しいほうへ。

小泉　いいなぁ、それ。

中野　もちろん、嫌なこともありましたよ。昔、あるスキャンダル雑誌では、ずいぶんからかわれたし。いちばん傷ついたというか、悔しかったのは、その雑誌の1行情報に「中野翠はひとり焼肉をしている」と書かれたこと。事実無根ですよ。

小泉　うわぁ。

中野　ひどいでしょう？　私も内心、そういう雑誌を嗤(わら)ってたところがあったんだけど、ちょっと目立ち始めたものだから、半分、潰しにかかってきたのね。そんな豪快な女じゃないのに（笑）。

小泉　「そういう女だぜ」って、決めつけてかかってるんですよね。悪意で。私もよく書かれましたよ。「誰々の愛人だ」とか、イラスト入りで。

中野　本当に、型にはまった固定観念よね。あなた、よく健やかに生きてこられたこと……。

小泉　そういうことがあったら傷ついたかもしれないですけど、若い頃はあいにく明るい男女交際しか経験がなかったので。エヘヘ。

中野　だから、ネットとかも、一切見ないの。

小泉　私はエゴサーチ、やりますよ。そういうメンタルが、すっかり培われてしまいました。

中野　さすが、アイドルだなぁ……。私は派手なことは苦手だし、交友関係も本当に気が合う人しかつきあわなくて。だから、あんまりストレスなく、今までやってこられたんだと思いますね。

小泉　私も、特にストレスはない、かなぁ。まあ、義理と人情以外は、やらなきゃいけないことも、特にないんでしょうけどね。

中野　今の悩みといえば、まぁ、どういうばーさんになるのかなってことが……もうなってるのかもしれないけど、ちゃんとしたばーさんにはどうもなれそうにないな、と（笑）。そう、私ね、小泉さんが沢村貞子（女優、文筆家）さんのことを好きだというのを知って、すごくうれしかったの。私も沢村さん、大好きだから。

小泉　わぁ、そうなんですか。いいですよね。

中野　そう。老いてますます綺麗で、生々しさとかが消えて、エッセンスそのものの佇まいという感じになって……。大好きっていうか、憧れね。自分では絶対にああはなれないと思うから。

小泉　中野さんだって、素敵じゃないですか！　今日も、すごくお洒落で。

中野　いやいや。でも、「沢村さんのように」って思っていれば、いつか念力でちょっとは近づけるかも！と（笑）。本当に毅然としておられた方だから、絶対無理なんですけどね。その点では、私は森茉莉（文筆家。森鷗外の長女）さんに活路を見いだしたほうがいいのかも。亡くなる前、奇跡のように取材がかなったんですけど、彼女、すごい家に住んでたのね。「東京の秘境」って呼ばれてたアパルトマンで、勧められた座り場所が、床に積んであった鷗外全集の上っていう。

小泉　アハハハ！

中野　あんな耽美な文章を書く人が、こういう部屋に平気で住んでるんだから、「老後、これでもいけるな」って思いましたね。フフフ。まぁ、生き方としては、型にはまってるほうがラクはラクですよね。ちょっと生意気だったり元気だったりしないと、自分の型は発揮できないから。でも、それは抑えようがないものだから、しょうがないです。最終的には、本人が気持ちよく暮らせるなら、どういうのもありなんだと思う。本当、そうなんですよ。

（『ＧＬＯＷ』２０１７年11月号掲載）

〈放談を終えて〉
お洋服からアクセサリーやバッグまで、とってもお洒落な中野さん。沢村貞子さんに憧れながら、森茉莉さんに活路を見いだすという言葉になぜかとても納得してしまいました。そんな中野さんが私の活路になりそうです。

自分を嫌いでも、いいと思う

放談 24

広田レオナ

ひろた れおな
1963年北海道生まれ。女優・映画監督として活躍。バラエティーでの奔放なトークも人気。映画『お江戸のキャンディー』はDVD化され、好評発売中。

実は「裏方」だったんだ

小泉　今回のゲストは、ですね……話を聞けば聞くほど「よく今まで生きてたなぁ」という方で。

広田　フフフフ。この間は、映画『お江戸のキャンディー2』（2017年公開）のナレーション引き受けてくださって、ありがとうございました。おかげさまで、つい先日までロングラン上映していました。

小泉　やったー。すごく美しい映画ですよね。

広田　男ばっかりの、愛の世界ね。

小泉　あの世界を、いやらしさ抜きで、あそこまで美しく撮れるのはすごい。観に来るのは、やっぱり若い人が多いの？

広田　若い人と、あと、私の年代が多いです。シリーズ1作め（15年公開）の時もそうだけど、子どもの頃、お人形さん遊びをしていたような人たちが、何回もリピートしてくれてて……。キョンちゃんにお願いしたのは、ちょっと無理やりでしたけど。

フフフ。

小泉　下北沢のコンビニの前で、ばったり会っちゃって。そこで頼まれました。エヘヘ。

広田　「下北沢でばったり会ってしまったため断れなかった小泉今日子」って、エンドロールにもちゃんと載せてます（笑）。仕事では、共演とかしたことないんだよね。

小泉　何で知り合ったんだろう？　共通の友だちがいたからかなぁ。もう20年以上前からか。

広田　うん。でも、キョンちゃんと会って遊び始めた頃って、私、ほぼ寝たきりだったんだよ。

小泉　家に遊びに行った時はお酒飲んだりもしてたけど、そういえば、いつも身体のこと言ってたよね。ひどく不自由だって。

広田　37歳で娘を産んだ時、麻酔のミスで身体の全部の機能が一度停止しちゃって、すっかりおかしくなったんだよね。他にも線維筋痛症とか慢性疲労症候群とか、いろんな病気をして、とにかくまともじゃなかった。7年間くらいかなぁ。娘も、赤ちゃんの頃は一回も抱っこできなかったから、キョンちゃんに代わりにしてもらってました。

小泉　やりましたねぇ。気力も、落ちてたもんね。

広田　でも、仕事で声をかけてくれる人がけっこういて、無理やりそれを引き受ける

ようになってから、少しずつ回復してきて……。仕事があって、すごく助かりました
ね。そうじゃなかったら、今でも引きずってるか、生きてなかったかも。

小泉 それが今や、映画を撮って、マネージメント会社の社長業もやって、びっくり
するほど仕事してて。ホームページ見たら、すごくたくさんの人のマネージメント、
やってるんだよね。

広田 そうそう、意外とね。

小泉 でも、志を同じくする仲間たちと契約して仕事して、っていうやり方、私もず
っといいなぁと思ってたんだよね。そうしたら、すでにレオナがやってたから、「や
るなぁ、さすが！」と。

広田 自分がずっとアーティスト側にいて、やっぱりいろいろと「これはどうなんだ
ろうな」と思うことが、あったわけですよ。まあ、いざやってみると、ひとりのアー
ティストを守るためにはこれだけ時間もお金も労力もかかるんだってことが、よくわ
かったんですけど。今も、夜中2時とか3時まで、平気で連絡が入ってくるから、そ
れを全部抱えてる。でも、その大変なことを、楽しんでやってます。つまりは私、裏
方だったんだよね。小さい頃、バレエやったりしてたから、自分は表に出る側なんだ
と、ずっと勘違いしてた。

「今のままじゃダメ」から、始まる

小泉　バレエ、やってたんだもんね。海外で。

広田　（モーリス・）ベジャールに習うことになって。14歳でなんて、今思うとすごいよね。フランス語もろくにわからなかったのに。バレエは親に勧められて始めたんだけど、私、子どもの頃、足首が細すぎて、10メートルもまともに歩けなかったんだよ。虚弱体質だったし。あと、どうも、水銀中毒だったみたいなんだよね。

小泉　えっ？

広田　昔の体温計って、水銀が入ってたじゃない。それを嚙(か)んで割って、口の中で転がしてたりして……。それで、具合が悪かったみたいで。

小泉　えぇぇ……。こういう話聞いてると、無事に生きてるの、不思議なんだよね。

広田　ねえ、バカだよね（笑）。バレエもドクターストップがかかって、ずっと入院してたんだけど、その時に初めて「バレエっていいなぁ」と。5年生くらいですかね。だから、本気でバレエやる人のレッスン量の半分くらいしかやってないんだけど、そこは集中力で……。あの頃って、英才教育みたいなものが、許されたんだよね。学校もまともに行ってなかったですもん。

小泉　で、留学して、帰ってきたのは？

広田　18。怪我をして、ずっと泣いて暮らしてた。でも、1年経ったら泣くのにも飽きちゃって、ファンだったYMOを訪ねて家出して。東京で音楽番組のプロデューサーにスカウトされて、女優に……というか、歌が歌えなかったので。

小泉　歌ってたじゃん！　♪だいじょーぶ、マイフレーン（村上龍監督映画『だいじょうぶマイ・フレンド』主題歌・1983年）、って。

広田　やだー！　「だいじょうぶじゃなかったマイ・フレンド」って、いまだにバカにされてるの。

小泉　フフフ。あの頃は、新人女優とか若い子が主題歌を歌うことになってたんだよね。

広田　そう。大失敗で……。私、3年間留学先で、スタニスラフスキー・メソッド（ロシア人演出家が提唱した演技理論）をみっちり叩き込まれたんですよ。アメリカのアクターズ・スタジオでマリリン・モンローが習ってた先生に教えてもらって。たぶん、日本で私ひとりなんじゃないのかなぁ。

小泉　そうだよ。他にいないかも。

広田　なのにねぇ……。あのあと共演した先輩からも「レオナって、よく見ると演技うまいけど、全然目立たないよね」って言われた。

小泉　アハハハ！

広田　そう。今のままじゃダメだって言われたから、私、顔にほくろつけたり……ほら、これ（唇の右下）。皆、本物だと思ってるけど、今も毎日描いてるんだよ。で、しゃべり方も、何かちょっと不思議な感じに変えて、個性をつけてみた。

小泉　確かに、変えてからのほうが、目立ったよね。レオナが考えたレオナのほうが、皆の印象に残った。

広田　それに、そのことが、自分を守るのにすごく役に立ったんだよね。やっぱり、芸能界でやっていくのって大変じゃないですか。でも、その作った個性があることで、自分に多少弱い部分があったとしても、何とかやっていけたというか。

小泉　そうなんだよね。多少、演じてるような部分があっても、その方向が人としておかしくなりすぎてなければ……何かこう、本物の自分と仲良くなっていくという感じ？　私にもそういう部分があって、本当は末っ子で、表に出るどころか引っ込み思案のおとなしい子だったから、自分がなりたい理想の女の子を作ろう！と思って。それで、ショートカットで元気で、言いたいこと言っちゃって、みたいにスカッとするようなことをやっていったら、それが自分になっていったかなぁと。

広田　名前も、私は芸名だしね。今や本名で呼ばれると、何か、自分がすごく弱いもののような気がする（笑）。それと、24で最初の子どもができたから、その子を守るために何とかしなきゃっていうのは、やっぱり大きかったですね。

生きも生きたり、半世紀！

小泉　その頃のレオナ、私、見たことがあるんですよ。八百屋さんの前で乳母車引いてて、「わあ、広田レオナだ」「綺麗な人」って。

広田　マーク（長男・広田雅裕。俳優、映画製作者）の時だね。当時は貧乏で、ベビーカーも買えなくて。父親は医大生でモデルだったんだけど、「中身はいいから見た目がよくてお金持ちの人を連れてきて」って言って紹介された人。私、子どもの頃に性的な目的で誘拐されたことがあったから、男の人とまぐわうのは、子どもを産むための仕方ない行為だと思ってたんだよね。

小泉　愛とか何とかより、「こういう遺伝子を」みたいな……。本当によく生きてくれた、って思うけど。フッキー（俳優・吹越満。前夫）と最初に結婚したのはいつ？

広田　30歳くらいかな。

小泉　その時の写真、もらったよ。海外の砂漠みたいなところで撮ったやつ。

広田　それ、何回めだろう？　毎年、結婚式やって写真撮ってたからね。ほら、1年以上の愛は誓えないから。神様に嘘はつけない（笑）。

小泉　更新制なんだよね。で、咲耶（長女。『お江戸のキャンディー2』に出演）ちゃんが生まれて。マークもいい子だよね。私、映画でお母さん役やらせてもらいました（『空中庭園』・05年公開）。

広田　そうそう。今は私の下でAP（アシスタント・プロデューサー）やってる。

小泉　作るのが好きなのかな？　お母さん似で。

広田　うーん、どうだろう。私は完全に裏方志向だけどね。映画でも、編集とかロケハンとか、地味な仕事のほうが好き。決定的にそうだと思ったのは、最初の映画（『DRUG GARDEN』・00年公開）の編集をしている最中で、「あれー、私、こっちだ！」って。でも、出産して身体が動かなくなって、しばらくは映画も作れなくなったんだけど……。そう、それこそ、50になって変わったんだよ、私。会社を作ろうと思ったのも、また映画を作るって決めたのも、50。

小泉　おお、この連載にぴったりじゃん（笑）。そうだよね。レオナの場合は特に、大変な身体で生きてきて50を迎えたってことが、きっと……。

広田　だから、なった瞬間に「すげー！」って思った。何か、半世紀生きた！っていう自信みたいなものが湧いてきて、好きなことをすごくやりたくなったし、いろんなことが軽くなったんだよね。本当、憑き物が落ちたっていう感じで。

小泉　わかる。女であることとか、男の人のこととかも……。若い頃は、それすらも背負わなきゃいけないものだと思ってたんだけど。

広田　そうなの。だから『お江戸のキャンディー』みたいな映画が撮れたんだと思う。私はやっぱり、自分の見たこともない世界が好きなんだよね。これまでに経験したことかじゃない新しい世界を、映画で描きたい。男女の恋愛とか、そういうのはもう興味ないの。

小泉　それを堂々と言えるっていうのも、大人のいいところだよね。本当はそういう人、もっといるはずなんだけど、若い時は何か、それを言っちゃいけないって空気があったから……。

広田　あと、18でバレエをやめてから、ずっと私は自分が嫌いなんだけど、よく「自分を嫌いな人間は不幸だ」って言うじゃない？　でも、そんなことないよ。私、不幸じゃないよって思う。

小泉　レオナの映画を観る人は、たぶんそういうメッセージを中に見つけてるんだよね。映画、また作らないと。50になると残り時間も少ないし、今やらなきゃ！って勇気、出るよね。

広田 うん。それに、仕事してひとりで子どもを育てていける自信もついたし。それでやっと、吹越さんと離婚もできたと！

小泉 どうしても言いたいんだ、それ（笑）。

広田 最初の離婚会見（05年）で、私、ひどいことをいっぱい言って、キョンちゃんにすごく怒られたよね。あの時、私、自分が悪く見えるように、吹越さんのこと、わざとすごく悪く言ったんですよ。

小泉 怒りましたねぇ。「何でそういうこと言うの？」「そういうとこあるから、もう！」って。それで一時期、ちょっと疎遠に（笑）。でもそのあと、『あまちゃん』とかでフッキーと仕事をしてる頃にふたりが復縁して、実は……っていう話も聞いて。また別れちゃったけど、今は社長とアーティストで、一緒に仕事もしてるもんね。

広田 うん。男と女だとまったくうまくいかなかったけど、今はすごくいい関係。吹越さんも「双子の兄みたいな気がする」って言ってる。

小泉 すごく惹かれ合うけど、実は恋愛じゃなかった、みたいな。うんうん、ある気がする。若い時だと、そのまま離れるしかないけど……。

広田　こんな関係があるんだーっていう感じで、今はとてもナチュラルですよ。社長業も監督業も、何もかもそうなってて、すごくいい。本当、48、49とかで悩んでる人がいたら、絶対にバラ色の未来が待ってますから！って言いたいですよ。

小泉　わぁ、いい話。よく生きてきたねー。

広田　うーん、鈍感なんだよね、きっと。

小泉　いやいや！　敏感すぎるんじゃない？

広田　敏感すぎて鈍感？　フフフ。

小泉　ぐるんと回ってるとこ、あるような気がする。頭もいいし、実はすごくちゃんと育ってるから、レオナって常識的なこと、すごくちゃんと知ってるんだよ。世の中の何がどうなってるか、すごくわかってる人だって感じ、私はずっとしてて。

広田　どうかなぁ……O型だから、ひどい目に遭ってもあんまり気にしないんですよ（笑）。今は今で、やりたいことで脳はフル回転してるんだけど、身体が追いつかない。寝る暇もぜんぜんないし。

小泉　やだ、寝て！　休み、ほしくないの？

広田　ほしいですよ。休んでいいよって、誰か言ってくれないかなぁと思う。

小泉　フッキー！（叫ぶ）まあ、楽しいことをやるのがいちばんの健康法だって言うからね。

広田　そうだね。あと「吹越さんと3回めの結婚はあるんですか?」ってよく聞かれるんだけど、それは、絶対にないですから(笑)。

小泉　向こうは望んでるかもしれないけど。

広田　ないない。「早く彼女ができてくんないかなー」って、娘も言ってるし。フフフ。

小泉　じゃあ、これが世に出る頃にはフッキーに彼女ができていますように、ということで(笑)。

(『GLOW』2017年12月号掲載)

〈放談を終えて〉

クレイジーのようで常識的。ミステリアスのようで庶民的。でも結局、不思議な人なんだよね。それがおもしろいからずっと友だちなのかもしれません。とにかく、今まで生きてきてくれてうれしい。女優のレオナも捨て難いけど、自分が楽しいことをたくさんやって、お互いに長生きしてやろうぜ!

他人と同じは、安全でも幸福でもない

放談 25

小池百合子

こいけ ゆりこ
1952年兵庫県生まれ。カイロ大学卒。通訳、ニュースキャスターを経て政界へ。現在、東京都知事。2017年発売の写真集『YURiKO KOiKE 1992-2017』も話題に。

女子は女子ですが、何か？

小泉　小池さんが以前、スピーチの中でおっしゃった「女子の本懐」。著書のタイトルにもなっていますが、この「女子」という言葉の使われ方が、すごく印象に残ってます。『GLOW』も大人「女子」の雑誌。でも、「女の子」って意味じゃないんです。

小池　防衛大臣の任務を終えた時（2007年8月）の記者会見ですね。かつて『男子の本懐』という、まさしく日本男子の気概を持った人の人生を描いた小説（城山三郎著）がありました。私の大好きな一冊なんですが、当時、女性初の防衛大臣として国防を担当し、国民の命を守るという国の仕事の根幹の部分に携われたことは、私にとってはまさしく本懐だなと思って、使ったわけですね。あまりこねくり回して考えたのではなく、率直な気持ちから飛び出た表現という感じです。

小泉　ああ、そうだったんですね。

小池　でも、そう言うなら「男子の本懐」も、男子はいつまでも男の子なの？って話にならなきゃ、おかしいですよね。女子の場合だけ女の子と取られるのは、間違っているじゃないですか。

小泉　そのとおりだと思います。えー、これは皆さんにお聞きしているんですが、小池さんは50歳という節目をどんなふうに迎えられたんでしょうか。

小池　うーん、どうしていたのか……。昔のことなので、忘れましたねぇ。

小泉　フフフ。ちょうど、初入閣（03年。環境大臣に就任）なさった頃だと伺っていますが。

小池　入閣は、自分で意志を持って決めるものではないんですよね。人に指名されてなるものです。だから、射的の的に当たったようなもので。

小泉　アハハ！

小池　それに、本当は別の女性議員だったみたいなんです。だけど、その方を推薦する政界の大物が……ほら、あなたと同じ名字の総理大臣に（笑）。しつこく迫りすぎて、あえて違う選択として私にお鉢が回ってきたと、あとから聞きました。

小泉　わー、知りませんでした。でも、「クールビズ」は、すっかり定着しましたね。

小池　新聞広告を出した時は、コピーライトまで自分でやりました。別のものがあったんですが、「これじゃ、インパクトが足りない」って。

小泉　すごい……。それから国政で活躍されて、東京都知事に。あのー、いつも微笑みを浮かべて、綺麗な言葉で、すごく冷静にお話をされますよね。怒りを前に出されないで。同じ女性としては、すごく気持ちがいいんですが。

小池　そうですか？　もう、心の中では怒りまくってますよ。フフフフ。

小泉　でも、ぜんぜんお顔には……。出さないって決めても、感情的になっちゃうのが人間なのに。

小池　まあ、そもそも自制するということすら、あまり考えたこともないタイプなんです。ただ、映像は怖いですよ。特に、怒っているシーンは、撮られると必ず資料映像としてリピートされますから。SNS全盛の今は、プロじゃなくても、70億人のカメラマン&カメラウーマンがいるわけでしょう？　ほんのちょっとしたことが、瞬時に多くの人に伝わる時代ですからね。だから、映像に残るようなことはしないほうがいい。

小泉　なるほど、さすが。

「想定外」の道を行く

小池　私はもともと、10代の時は何をして、20代で何をして、30代、40代……という、おおまかな人生設計を持っていたんです。

小泉　へぇー、すごく計画的に。

小池　できるだけ世界を歩き回ろうと思っていました。10代で海外に留学に行っていますので、10代20代は体力が要りそうなアラブ、アフリカ緒国を全部回ろうと。30代ではそれより少しラクな、たとえば南米などを。40代でアジア、50代以降はヨーロッパや北欧、オセアニア……そうして一生のうちに、すべての国を回るんだと。できるだけ現場を見に行きたいという思いが強かった。今だったらスマホなんでしょうけど、当時は地図を持って歩いていたんです。旅も、だいたいひとりで。人とスケジュールを合わせるのも面倒だから（笑）。皆が休むお盆などには働いて、空いている時期に行ってました。

小泉　私もです。時期をずらして、ひとりで。でも、私の場合はつい、現地の友だちを頼っちゃったりするんですけど。

小池　フフフ。その目標も、結局はぜんぜん達成できなかったんですけどね。冷戦構造が終わって、1990年代初めにソビエト連邦が崩壊して……。そのニュースを、私はキャスターとして伝えました。ということは、国の数がやたらに増えて、すべての国々を回るのが難しくなった。そこで一旦、あきらめました。

小泉　ああ、確かに。

小池　仕事も、ずっとフリーでやっていましたからね。私がキャスターになった頃、年齢を理由に番組を外されたと、女性アナウンサーの方が裁判を起こされてましたが、それは社員だからできる戦い方。だから、20代、30代の若いうちに、いかにスキルや知識、経験を蓄えておくかが大事だと考えて、そういう努力は心がけていました。

小泉　ネットで知ったんですが、小池さん、風俗店の「トルコ風呂」っていう呼び名をやめようという運動をなさっていたんですね。

小池　オスマン・トルコ帝国って、すごく偉大な国なんですよ。首都のコンスタンティノープルは東西の文化の十字路で、シルクロードを通じて運ばれたトルコの宝物が日本にいろんな影響を与え、また、逆に日本からもさまざまなものが運ばれた。その歴史をないがしろにして、他の国の名前を風俗産業の代名詞に使うのは間違いだ！と、ずっと思っていたんです。そうしたら、ちょうど同じことを言っているトルコ人がいたので、一緒に運動しようと。

小泉　自分たちには縁遠い場所だったんですが、そういえば「あ、変わったんだ」と思ったなぁ。そういう経緯だったんですね。

小池　まあ、いつもアクションを起こすほうですね。

小泉　政治の世界に入られるのは、人生の設計図的には予定どおりだったんですか？

小池　完全に想定外ですね。ずっと、政治なんてばかばかしいと思っていましたので。
小泉　そうだったんですか！
小池　だって、政治家の判断という判断が、全部正しいわけじゃない。私はカイロ留学後、ずっとアラブが専門ですので、キャスターとしても中東問題はずっとフォローしていました。日本の資源問題や自衛隊派遣を巡る憲法問題も、だいたい中東、アラブがらみです。揉め始めると皆、急にアラブに注目しますけど、私はずっとそこに照準を当ててきたわけですから。
小泉　そうですよね。
小池　ですが、メディアで「これはよくない」「あの人の言うことはおかしい」と批評するのは簡単だけれども、じゃあどうするか？という時に、最終的には自分で動いてみないとダメかなぁと思って……。小泉さんにも「選挙に出ませんか？」って声がかかること、ありませんか。
小泉　いやいや、私にはないんですけれども（笑）。でも、私たちの業界の先輩で、政治の世界に入った方も、確かに多いですので。
小池　既存の政党から声がかかっても、出馬しようとまじめに考えたことはなかった。じゃあなぜあの時（92年参院選）、心が動いたかというと、それは、まったく新しい党だったからなんです。

小泉　日本新党、ですよね。新鮮に映りました。

小池　政界のベンチャーでした。既成政党では、女性議員は最初はチヤホヤされ、会合で司会をやらされ、お酒のお酌なんかも。あとはおとなしくしていれば、そのうち何かしらのポストが回ってきて……なんてこととは、まるで関係がなかった。そもそも私はアナウンサーではないし、集会の司会役のために政治の世界に入るわけではない。ですから、政界入りしてから、私、1回も司会は受けませんでした。

小泉　フフフ。ご自分の地図が広くていらっしゃるから、大丈夫だったんですね。

小池　どうでしょう……。生き方のお手本というのは、特にありません。あえて言うなら、母でしょうね。母は大正生まれ。女学校時代や職業選択においても、自分のやりたいことは戦争のせいでできなかった時代の人です。その母が、人と同じことをしていても幸せになれないし、人と同じことをしているからといって安全でもない、他人と同じことをしても、誰も最後まで面倒を見てくれないんだと、私に教えてくれました。

小泉　冷静に見ていらっしゃった。

小池　ええ。とても冷徹に構えている人でした。私の大学進学の時も、やっぱり「他人と同じでは」という、母の言葉が決め手になりましたね。

小泉　著書に載っているお写真を見ると、すごく綺麗でお洒落な方。カイロで長く、日本食のレストランをなさってたんですよね。

小池　そうなんです。私が留学から戻ってきてから、急に言い出して。日本料理店を開きたいと。

小泉　25年くらい前かなぁ……。私、友だちとカイロに行って、日本料理屋さんに行ったことがあるんです。じゃあ、もしかしたら？

小池　そうかもしれませんね。あの頃は、日本料理店は2軒しかありませんでした。最初の1軒がすき焼きにキャベツを入れていて、母は突然思いついたようです。ちゃんとした日本食レストランでないといけないと、がんばり始めました。家族は皆、反対しましたが、母は「好きにさせてよ」って。ですから私、母に頼まれて、よく築地場外に買い物に行きました。

小泉　すごい、進歩的……。

小池　小泉さんはいくつでデビューなさったの？

小泉　15歳でスカウトされて、16歳で歌手として。

小池　ワオ。お若かったのね。

小泉　うちの母は特に反対しなかったんですけど、驚いてはいましたね。末っ子でずっとおとなしかったので、「できるの？」って。

小池　そうでしたか。私の母はずっと味方でしたが、いちばん叱るのも母でした。「それは人の道とは違います」と、何度も言われましたね。政治の世界に入ってからも、「それは国民は歓迎しないと思う」って、ピシャリと。国会や私の仕事場も、母に見せてあげようと思うのに、「行きません」と言ってね。一度だけ親戚と一緒に環境大臣室に来ましたが、「仕事場に親がついていくのは、おかしいでしょう？」と。

小泉　意見を、キチッとおっしゃる。世界をさらに広げてくれる方だったんですね。

小池　そうですね。自分だって、勝手にエジプトに行っちゃったんですから。

誰にだって、できることが、きっと

小泉　お母さまは、先年、大往生を。

小池　ええ。最近は病院での別れが多いですが、いい先生に出会い、多くの人に手伝ってもらって、家で看取ることができました。でも、「あの時、ああすればよかった」「こうしておけば」というのは、いまだに思うんですよ。

小泉　お忙しい中、きっと大変でしたよね……。看取りって、難しいです。私も姉を見送りましたが、どのくらい時間がかかるかもわからなかったし。

小池　地域包括ケアシステムという、区市町村がベースで都や国もバックアップするシステムも、実際に活用したわけですが、なかなかうまく機能していると思いました。

小泉　体験してわかった、という。

小池　すべてを体験することはなかなかできませんが、政治家は、制度を作るのが仕事。制度自体が理想的でも、予算や財政的な裏付けがないとできません。何を優先するか、その順位や塩梅（あんばい）を決めるのが、いちばん大きな仕事ですから。

小泉　小池さんの政治塾（「希望の塾」16年〜）には、女性も多いんですか？

小池　多いですよ。40代も50代も。80代の方も、ルーペ持参で来られますね。今時は人生100年時代。100歳以上の日本人を集めたら、東京ドームが満杯になっちゃうんですから！

小泉　わー、そんな感じですか。

小池　東京も、今後、加速度的に高齢化が進みます。それによって規模が拡大する年金、医療費などの社会保障費の問題もあります。どうやって皆で元気で長生きして、そして最期、ああ、いい人生だったと思ってあの世に行けるか……。

小泉　そのあたり、ぜひ、よろしくお願いします。私は本当に、何というか、30代くらいまでは政治についてまったく知らない、バカな感じで生きてきたんですけど（笑）。自分がある程度の年齢になると、「ああ、無関係じゃないんだな」って。だから今は、ニュースを見たり、雑誌の記事を読んだり、友だちと話をしたりしながら、自分に何かできることはないのかな？　と、ようやく……。

小池　お友だちとは、どんなお話を？

小泉　皆50代とかで、独身も多いので、「親の病気どうする？」「お墓どうする？」って。うちは父が亡くなった時にお墓を建てたんですが、姉たちは皆、お嫁に行ってて、私が守るしかなくて。

小池　それは、切実なお話ね。

小泉　私には子どもはいないんですけど、姉には孫もいて、その子たちの面倒は見てるので……何とかこれで勘弁してください、という感じで。

小池　お姉さんのお孫さんたちのどなたかを養子にして、小泉姓になっていただいたら？

小泉　そうか……そんな考え方があったとは！

小池　そうですよ。フフフ。

小泉　最後にズバッと解決策を言ってくださるって、さすが政治家……スッキリしました！　ありがとうございます。お会いできてよかったです。

（『ＧＬＯＷ』２０１８年１月号掲載）

〈放談を終えて〉

小池百合子さんには、政治家、都知事としてというよりも、バリバリ働く女の先輩としてお会いしてみたかったのです。お見送りしたあと、はぁーっとため息が出るほどカッコイイ方でした。決断力に乏しい私には、いい刺激になったような気がします。私は私の場所で、私なりに社会とのつながりを考えてビシッと生きたいと思いました。がんばろう！

初出　雑誌『GLOW』（宝島社）
2015年10月号〜2017年2月号、2017年4月号〜2018年1月号

小泉今日子　書き下ろしエッセイ

ヨーコさんの人生を考える

人と会話をするということは、自分の世界を広げることだとかねてから思っていた。自分の狭い視野だけでは気づかないことがたくさんあるのだ。会話って大事。それに初めて気づいたのはハタチの時だった。

薄暗い大人っぽいカウンターバーでお酒を飲んでいたのは、後に酒豪と言われる若き日のキョウコであった。もっともその頃のキョウコは、綺麗な色の甘いカクテルをチビチビと口に運ぶくらいウブな女子でございました。年上のボーイフレンドがハタチのお祝いに連れて行ってくれた、初めてのカウンターバーでございました。ジャズが静かに流れているカウンターバー。バーテンダーが蝶ネクタイをしているカウンターバー。スーツ姿のおじさまが葉巻を燻(くゆ)らすカウンターバー。氷がまん丸のテニスボールみたいなカウンターバー。トイレの中まで薄暗いカウンターバー。

それだけでも舞い上がってしまいそうなキョウコであったが、ウイスキーのロックグラス（今思えばバカラのグラス）を持ち上げて灯りのほうに向け、「ほら、見てごらん。グラスの底から見る世界」とボーイフレンドが言ったのである。

現在の50代のキョウコには決して響かないキザなセリフをほざきやがったのですが、ハタチのキョウコには響きまくったわけです。実際、高価そうな分厚いグラスの底から見た世界は、海の底から見る水面みたいにゆらゆら揺れてとっても綺麗なのでした。「カ・イ・ガ・ン」と、心の中で呟きました。濁点が一つ付いていますが、薬師丸ひろ子さんの『セーラー服と機関銃』の「カ・イ・カ・ン」のセリフの音で呟きました。そう、キョウコはそんなキザなセリフで開眼してしまったのでした。

目の前に置かれたグラスを違う角度から見てみようと思ったことすらなかった自分の視野の狭さを恥じました。その日からキョウコは、心のファインダーを通して世界を見ることを楽しむようになりました。すると忽ち世界は輝き出したのです。木々の葉っぱの隙間から見える太陽の光。歩道橋の上から眺める車の往来。雨の夜に車のヘッドライトに光る道路の美しさ。もうめちゃくちゃ「カ・イ・ガ・ン」したハタチのキョウコなのでした。

時は過ぎ、49歳のキョウコはこれからやってくる50代という世界に少々の恐れを感じていました。心も身体もまだまだ衰えを感じるほど弱ってはいないのだけれど、人生のゴールがそう遠くではないという現実を突きつけられるような出来事が起こったのです。

私は三人姉妹の末っ子に生まれました。8歳上にヨーコさん、3歳上にヒロコさん、2人のお姉ちゃんに心身ともに鍛えられた幼少時代でございました。音楽やファッションの好みは、この2人の影響が非常に大きかったと思います。生まれた時からずっと一緒だったお姉ちゃんたちですが、今から3年前、私が48歳の時に、長姉のヨーコさんが56歳という若さで他界してしまったのです。

ヨーコさんはとても長姉らしい人でした。しっかりしていて、落ち着いていて、頼りになるお姉ちゃんでした。幼い頃の私はヨーコさんがお母さんなのだと錯覚している時期があったほど、よく世話をしてくれました。大人になってからも、わからないことがあるとすぐに電話をして的確なアドバイスを賜っていたので、私の知恵袋だったのです。だから、ヨーコさんが病気になってしまった時、恩返ししなくてどうする！　少しでも力になりたい！と本気で思ったけれど、なんせ末っ子の頼りない私は、こういう時には知恵袋に電話をして……、はっ！　違う違う！　その知恵袋が大変なのよぉー！と、何度も心の中でパニックに陥りました。

ヨーコさんは海外旅行に行ったことがありませんでした。エステの類にも行ったことなかったろうな。高級ブランドに身を包んだことも、オールでクラブで踊り狂ったことも、外車を乗り回したことも、銀座の寿司屋にもきっと行ったこともなかったと思います。贅沢を嫌う人で、お料理はいつもきちんと手作りだったし、お掃除も毎日チャキチャキとこなして、アルバイトもして、子どもを立派に育てて、孫の世話もして、出来損ないの愚妹の面倒まで見て。療養中にみんなで温泉旅行に出掛けたり、お誕生日に孫たちに囲まれてケーキのろうそくを吹き消したり、楽しそうに笑っている顔もたくさん思い出すけれど、結局ヨーコさんの56年の人生は楽しかったのか？　幸せだったのか？　やりたいこととか、行きたいところとか、言いたいこととか、本当はたくさんあったのではないか？と、時々考えてしまう。考えたって答えは出ないのもわかってる。でも、出来損ないの愚妹は今でもやっぱり考えてしまうのです。

ヨーコさんには2人の娘がいて、それぞれ結婚して子どもを産んで、今は子育ての真っ最中。下の子がお嫁に行く時に仏壇を背負って行かせるわけにもいかず、今は我が家のリビングに仏壇がある。先祖代々の皆さまと父親と姉と猫。朝起きたら「おはようございます」と声を掛け、お線香をあげてお鈴(りん)をチーンと鳴らして手を合わせる。皆さま、どうかそちらの世界で決して我慢などなさらずに、好き勝手に我儘(わがまま)に楽しんでいてください。いつか必ず私も行きますから。

ヨーコさんの死によって、残された人生の時間についても改めて考えるようになりました。48歳だった私にとって、まもなくやってくる50代は未知の世界。さて、どうする？　私の知恵袋はもういないのだ。若い頃から仕事をして、結婚もしたけど離婚もして、子どももいず、自由気ままに生きてきた私は人生設計など考えたこともなく、後先考えずに瞬間瞬間を楽しむことが正解だと思って生きてきてしまったような気がしてならない。うーむ、困った。さて、どう生きよう？　私と同じように来るべき50代の扉の前で二の足を踏んでいる女性は多いはずだ。扉を開けてから地団駄を踏まないようにガイド的な何かを作るべきだ！　これはもう素敵な先輩たちに頼るしかない。ということで、49歳の時に雑誌『GLOW』誌面で50代以上の女性たちとの対談連載「小泉放談」を始めたのでした。

子どもの頃、日曜日の早朝に父親が観ていたテレビ番組『時事放談』からいただいたタイトルなのですが、歯に衣着せぬ発言で有名だった政治評論家の細川隆元さんが和服で和風のセットの中、主に政界などからゲストを呼んで対談するという番組だったのです。幼子だった私から見たらみんなおじさん、おじいさんに見えていたので、完全に「じじい放談」という番組だと長い間、勘違いしていたのでした。歯に衣着せぬとまでは言わないけれど、「小泉放談」でも先輩方は、「そんなことまで話してくれるの!?」という懐の深さでこの対談に臨んでくださいました。

初めてのカウンターバーでハタチのキョウコが心の中で呟いた「カ・イ・ガ・ン」のあの音が、ゴジュウのキョウコの心の中で何度もよみがえりました。カッコイイ先輩たちとの会話は、見たこともない世界に連れてってくれるものすごいお洒落な乗り物みたいだと思いました。すべての対談を終えた今、清々しい気分です。25名のゲストの皆さん、それぞれがその人らしく人生を生きてきた。そして皆さん、とてもとても笑顔が素敵だったんです。結論はそれだけなんです。それだけでいいんだと思えたことがうれしかったんです。

我が家の仏壇に、ヨーコさんの孫のアイコが書いた手紙があります。幼稚園の頃に書いたので、たどたどしい文字が微笑ましいです。
「ばばちゃん　ずっと　いっしょにいてくれて　ありがとう」

ヨーコ様
愚妹は今日から、あなたの人生についてあれこれ考えるのをやめようと思います。思い出せる限りのあなたの笑顔を思い出して生きることにします。

最後に、読んでくださった皆さま。
女はやはり笑顔です。今日も明日もたくさん笑って生きましょう！

小泉今日子

こいずみ きょうこ

1966年2月4日神奈川県生まれ。1982年「私の16才」で芸能界デビュー。以後、歌手、女優として、舞台、映画、テレビなどで幅広く活躍する。著書に『小泉今日子書評集』（中央公論新社）、『黄色いマンション 黒い猫』（スイッチ・パブリッシング／第33回講談社エッセイ賞）などがある。

宝島社
文庫

小泉放談
（こいずみほうだん）

2017年12月20日　第1刷発行
2018年3月12日　第3刷発行

著者　小泉今日子
発行人　蓮見清一
発行所　株式会社 宝島社

〒102-8388　東京都千代田区一番町25番地
営業 03-3234-4621
編集 03-3239-0926
http://tkj.jp

印刷・製本　株式会社 廣済堂

ISBN978-4-8002-7669-8